Mit Erfolg zum

TestDaF

Übungs- und Testbuch inklusive 2 Audio-CDs

Ksenija Fazlić-Walter
Wolfgang Wegner

Ernst Klett Sprachen
Stuttgart

Mit Erfolg zum TestDaF

Übungs- und Testbuch inklusive 2 Audio-CDs

Von Ksenija Fazlić-Walter und Wolfgang Wegner

Redaktion: Eva-Maria Jenkins-Krumm, Wien

1. Auflage   1 12 11 10 | 2021 20 19

Alle Drucke dieser Auflage können nebeneinander benutzt werden, sie sind untereinander unverändert.
Die letzte Zahl bezeichnet das Jahr des Druckes.

Internet: www.klett-sprachen.de

Herstellung: Katja Schüch
Layout und Satz: Jasmina Car, Barcelona
Illustrationen: Jani Spennhoff, Barcelona
Druck: Salzland Druck, Staßfurt
Printed in Germany

ISBN: 978-12-675785-0

9 783126 757850

Inhalt

Vorwort

Liebe Benutzerinnen und Benutzer dieses Übungsbuches,

Sie möchten sich im Selbststudium oder im Rahmen eines Kurses auf den TestDaF vorbereiten. In diesem Kapitel finden Sie Antworten auf wichtige Fragen zum TestDaF sowie Hinweise und Tipps zur Arbeit mit diesem Buch.

Fragen und Antworten zum TestDaF

Was ist der TestDaF?

TestDaF ist die Abkürzung für „Test Deutsch als Fremdsprache". Dieser Test gehört zu den Sprachprüfungen, die bei entsprechendem Ergebnis zur Aufnahme eines Studiums an einer deutschen Hochschule berechtigen.

Wie sieht die Prüfung aus?

Der TestDaF besteht aus vier Prüfungsteilen, die an einem Tag hintereinander (mit Pausen) durchgeführt und ausgewertet werden:
- Leseverstehen
- Hörverstehen
- Schriftlicher Ausdruck
- Mündlicher Ausdruck

Ablauf und Inhalte des TestDaF:

Vor der Prüfung			
Identitätskontrolle			
Einführung durch die / den Prüfungsbeauftragte(n)			
Die Prüfung			
Prüfungsteil	**Dauer**	**Aufgaben**	**Prüfungsziele**
Leseverstehen	60 Min.	3 Lesetexte mit insgesamt 30 Items	• Gesamtzusammenhänge und Einzelheiten verstehen • Implizite (d.h. nicht direkt genannte) Informationen verstehen
10 Minuten Pause			
Hörverstehen	ca. 40 Min.	3 Hörtexte mit insgesamt 25 Items	• Gesamtzusammenhänge und Einzelheiten verstehen • Implizite (d.h. nicht direkt genannte) Informationen verstehen
30 – 60 Minuten Pause			
Schriftlicher Ausdruck	60 Min.	1 Aufgabe mit verschiedenen zu bearbeitenden Inhaltspunkten	• Sich zu einem bestimmten Thema zusammenhängend äußern können • Schreibhandlungen „Beschreiben" und „Argumentieren" realisieren
10 Minuten Pause (möglicherweise Wechsel des Raums)			
Mündlicher Ausdruck	ca. 30 Min.	7 Aufgaben	• In unterschiedlichen mündlichen Kommunikationssituationen des Hochschullebens agieren und reagieren
Insgesamt: 3 Stunden und 10 Minuten (ohne Pausen)			

Wie sieht der mündliche Teil der Prüfung aus?

Anders als z. B. bei der DSH werden Ihre Fähigkeiten in der mündlichen Kommunikation nicht in einem persönlichen Gespräch mit einem Prüfer / einer Prüferin getestet. Ihre Äußerungen werden von einem Computer aufgenommen und später von Korrektoren im TestDaF-Institut nach festgelegten Bewertungskriterien beurteilt und einer Niveaustufe zugeordnet.

Darf man in der Prüfung Hilfsmittel verwenden?

Nein, in der gesamten Prüfung sind keine Hilfsmittel erlaubt.

Wo wird die Prüfung angeboten und wie kann ich mich anmelden?

Der TestDaF wird in 96 Ländern angeboten und überall am gleichen Tag in der gleichen Form durchgeführt (einzige Ausnahme: China). Der Test wird zentral im TestDaF-Institut entwickelt und dort auch korrigiert, teilweise (Hörverstehen, Leseverstehen) werden die Antwortbögen in einen Computer gescannt und elektronisch ausgewertet.
Die eben genannten Punkte sind der Unterschied zur DSH (Deutsche Sprachprüfung für den Hochschulzugang), die von einzelnen Hochschulen und Studienkollegs in Deutschland entwickelt und durchgeführt wird.

Die wichtigste Informationsquelle zum TestDaF im Internet ist die Seite www.testdaf. de. Dort finden Sie eine Liste aller Termine und Testzentren. Dort finden Sie auch das Anmeldeformular sowie das Blatt „Regeln für Prüfungsteilnehmer" zum Herunterladen. Ab Juli 2009 können Sie sich nicht mehr direkt bei einem Testzentrum, sondern nur noch beim TestDaF-Institut über das Internet anmelden. Es wird dann auch möglich sein, auf diesem Weg gleich bei der Anmeldung die Prüfungsgebühr zu bezahlen.

Welche Voraussetzungen gibt es für die Prüfung?

Alle Lernenden mit fortgeschrittenen Deutschkenntnissen können am TestDaF teilnehmen. Es ist nicht notwendig, bereits eine Zulassung zum Studium zu haben.
Sie sollten schon zwischen 700 und 1000 Stunden Deutsch gelernt haben, bevor Sie sich zur Prüfung anmelden.
Das TestDaF-Institut bietet auf seiner Webseite www.testdaf.de unter dem Titel „Fit für den TestDaF" einen kleinen Einstufungstest (Lückentext) an, der Ihnen unverbindlich zeigt, ob Sie die sprachlichen Voraussetzungen schon erreicht haben.
Wenn Sie unsicher sind, sollten Sie auch die Möglichkeit nutzen, sich bei dem Testzentrum Ihrer Wahl beraten zu lassen.

Was kostet der TestDaF?

Das TestDaF-Institut hat 3 Ländergruppen mit unterschiedlichen Preisen festgelegt. Informieren Sie sich vor der Anmeldung beim Testzentrum oder online, wie hoch die Gebühr ist.

Wie oft kann ich den TestDaF ablegen?

Es gibt keine Begrenzung, d. h. Sie können die Prüfung so oft ablegen, bis Sie ein ausreichendes oder gewünschtes Ergebnis erreicht haben.
Der TestDaF wird zurzeit sechsmal im Jahr durchgeführt (Februar, April, Juni, Juli, September, November).

Vorwort

Wie wird der TestDaF bewertet?

Für jeden Prüfungsteil gibt es eine getrennte Bewertung. Die Ergebnisse werden in den drei TestDaF-Niveaustufen TDN 3, TDN 4 und TDN 5 ausgedrückt, die beschreiben, was Sie in den Fertigkeiten Lesen, Hören, Schreiben und Sprechen können. Die Ergebnisse der einzelnen Prüfungsteile werden nicht zu einer Gesamtnote zusammengerechnet. Dies bedeutet, dass man z.B. ein Ergebnis TDN 3 im Hörverstehen nicht durch ein Ergebnis TDN 5 im Mündlichen Ausdruck ausgleichen kann.

Wie erfahre ich, welches TestDaF-Ergebnis ich für mein Studienfach brauche?

In der Regel verlangen die Universitäten das Niveau TDN 4 in allen vier Prüfungsteilen als Studienvoraussetzung. Allerdings können die Hochschulen für einzelne Studiengänge Regeln aufstellen, die davon abweichen. Informieren Sie sich beim Akademischen Auslandsamt oder Prüfungsamt an der von Ihnen gewählten Hochschule über die Voraussetzungen. Für sehr viele Hochschulen und Studiengänge finden Sie diese Informationen auch unter www.sprachnachweis.de im Internet.

Wie lange dauert es, bis ich das Ergebnis bekomme?

In der Regel ist die Prüfung sechs Wochen nach dem Prüfungstermin korrigiert. Ihr Zeugnis erhalten Sie von dem Testzentrum, bei dem Sie den TestDaF abgelegt haben. Ob Sie es abholen müssen oder zugeschickt bekommen, müssen Sie beim Testzentrum erfragen.

Hinweise und Tipps zu diesem Buch

- Dieses Buch enthält einen Übungsteil, in dem Sie lernen, wie Sie Schritt für Schritt zu den richtigen Lösungen kommen, und einen Modelltest, mit dem Sie die Prüfung simulieren und dabei sehen können, ob Sie „prüfungsreif" sind.
- Damit Sie selbstständig arbeiten können, finden Sie am Ende des Buches Lösungen zu den Aufgaben und Übungen der einzelnen Kapitel mit Erklärungen, die Ihnen helfen sollen, die Lösung zu verstehen. Aber schauen Sie erst dann in die Lösung, wenn Sie mit einer Aufgabe oder Übung ganz fertig sind oder Ihnen auch bei längerem Nachdenken nichts eingefallen ist. Schauen Sie nie in die Lösungen, bevor Sie die Aufgaben bearbeitet haben, denn nur, wenn Sie selbst über Lösungswege nachdenken, lernen Sie etwas für die Prüfung.
- Wenn Sie allein arbeiten, versuchen Sie, eine deutsche Gesprächspartnerin / einen deutschen Gesprächspartner zu finden. Mit dieser Person können Sie sich auf die Situationen des mündlichen Ausdrucks vorbereiten.
- Beginnen Sie nicht erst einige Tage vor der Prüfung, mit diesem Buch zu arbeiten, sondern so früh wie möglich. Sie brauchen Zeit, um die Aufgaben und Lösungswege zu verstehen und in Ruhe durchzuarbeiten.
- Benutzen Sie bei der Arbeit mit diesem Buch ein deutsch-deutsches Wörterbuch, um alle Anweisungen und Erklärungen auch richtig zu verstehen. Auch wenn Sie in der Prüfung nicht mit einem Wörterbuch arbeiten dürfen, kann es Ihnen bei der Vorbereitung helfen, Ihren Wortschatz zu erweitern.

Viel Erfolg bei der TestDaF-Prüfung wünschen Ihnen Verlag und Autoren.

Leseverstehen

Aufbau und Aufgabenstellung

Der TestDaF beginnt mit dem Prüfungsteil „Leseverstehen".

Der Prüfungsteil besteht aus drei Lesetexten, die etwas mit dem Hochschulalltag bzw. dem Alltag von Studierenden zu tun haben. Sie brauchen keine Fachkenntnisse, um die Aufgaben lösen zu können.

Zu Beginn der Prüfung erhalten Sie ein Aufgabenheft und ein Antwortblatt. Das Aufgabenheft enthält die Anweisungen sowie die Aufgaben, Aussagen oder Fragen (Items) zu den drei Lesetexten.

Der Prüfungsteil dauert insgesamt 60 Minuten. Davon sind 10 Minuten dafür vorgesehen, die Antworten vom Aufgabenheft auf das Antwortblatt zu übertragen.

Übersicht über den Prüfungsteil Leseverstehen:

	Items	Textart	Aufgabentyp	Bearbeitungszeit	Punkte
Lesetext 1	10	mehrere kurze Texte	Zuordnungsaufgabe	ca. 10 Min.	10
Lesetext 2	10	längerer journalistischer Text	Multiple-Choice-Aufgabe: ankreuzen	ca. 20 Min.	10
Lesetext 3	10	längerer wissen-schaftlicher Text	Multiple-Choice-Aufgabe: ankreuzen	ca. 20 Min.	10
Übertragen der Lösungen auf das Aufgabenblatt				10 Min.	= 30 Punkte

Wichtige Hinweise

◌ Sie können selbst entscheiden, mit welchem Lesetext Sie anfangen wollen. Lesetext 1 ist der leichteste, Lesetext 3 der schwierigste.

◌ Ihre Bearbeitungszeiten können variieren, aber Sie haben insgesamt nur 60 Minuten Zeit.

◌ Sie dürfen keine Hilfsmittel (Wörterbuch, Handy) benutzen.

◌ Sie müssen alle drei Lesetexte bearbeiten, denn die erreichte Niveaustufe dieses Prüfungsteils ergibt sich aus der Gesamtpunktzahl der drei Aufgaben.

Leseverstehen, Aufgabe 1

Beschreibung dieses Prüfungsteils

Was erhalten Sie?

In der ersten Aufgabe zum Leseverstehen erhalten Sie 8 Kurztexte (ca. 300–450 Wörter). Die Texte sind einfach strukturiert und haben mit dem studentischen Alltag in Deutschland zu tun. Sie setzen keinen Fachwortschatz voraus.

Zu diesen Texten gibt es 10 Aussagen (Items), die Sie den passenden Kurztexten zuordnen sollen.

Was wird von Ihnen erwartet?

Bei diesem Prüfungsteil sollen Sie zeigen, …
– dass Sie die Hauptinformationen aus den Kurztexten schnell erfassen können;
– dass Sie durch genaues Lesen detaillierte Informationen erkennen
– und jeweils einer bestimmten Aussage (Item) zuordnen können.

Aufgabentyp

Es handelt sich um eine Zuordnungsaufgabe.

Dauer

Nehmen Sie sich für diese Aufgabe maximal 10 Minuten Bearbeitungszeit.

Wie wird diese Aufgabe bewertet?

Für jedes richtig zugeordnete Item bekommen Sie einen Punkt.

Wichtiger Hinweis

⁂ Der Schwierigkeitsgrad von Lesetext 1 entspricht der TestDaF-Niveaustufe 3 (TDN 3).

So sieht die Prüfungsaufgabe aus

Leseverstehen, Aufgabe 1

Sie suchen für sich und Ihre Bekannten einen Volkshochschulkurs.

Lesen Sie die Beschreibungen der Kursangebote. Schreiben Sie den Buchstaben für das passende Angebot in das Kästchen rechts. Jedes Angebot kann nur **einmal** gewählt werden. Es gibt nicht für jede Situation ein passendes Angebot. Gibt es für eine Situation keinen passenden Text, dann schreiben Sie den Buchstaben **I**.

Sie suchen ein passendes Angebot.

(01)	Eine Studienfreundin hat sich ihre erste digitale Kamera gekauft und möchte lernen, wie man damit umgeht.	**I**
(02)	Sie möchten Ihre Yoga-Kenntnisse erweitern.	**A**
1	Ein Bekannter möchte seine Prüfungsangst überwinden.	
2	Ein Freund von Ihnen ist schüchtern und möchte deshalb beim Sprechen sicherer werden und ebenso seine Phonetik verbessern.	
3	Ein Studienfreund will sich besser organisieren.	
4	Eine Studienfreundin möchte Porträtaufnahmen machen.	
5	Eine Bekannte möchte in den berühmten Uni-Chor aufgenommen werden.	
6	Ein Bekannter möchte Familie und Studium organisieren.	
7	Ein Kommilitone soll für seine Diplomarbeit im Fach Biologie verschiedene Blumen oder Insekten fotografieren.	
8	Sie wollen in kurzer Zeit lernen, wie man mit einer digitalen Spiegelreflexkamera fotografiert.	
9	Eine Bekannte möchte Yoga als Entspannungstechnik kennen lernen.	
10	Ein Studienfreund möchte mit anderen zusammen singen und musizieren.	

A

Entspannung durch Yoga

Aufbauend auf den im Anfängerkurs erworbenen Grundkenntnissen steht die Vertiefung und Vervollkommnung der Übungen im Mittelpunkt der zehn Abende. Atem- und Konzentrationsübungen sollen sowohl zum harmonischen Befinden als auch zur seelischen Entspannung führen.

Bitte tragen Sie bequeme, warme Sportkleidung und bringen Sie eine Decke mit.

B

Naturaufnahmen

Unsere Natur mit ihrer Vielfalt in Flora und Fauna bietet unendlich viele Motive.

Wie Sie diese gekonnt ins Bild setzen, zeigen wir Ihnen. Lichtführung und Bildgestaltung zum Thema Natur sind ebenso wichtig für gelungene Fotos wie das Erkennen von Motiven. Die theoretischen Erkenntnisse werden bei einer Exkursion in die Praxis umgesetzt.

C

Stimmbildung

Sprechen Sie zu leise? Haben Sie Probleme mit der Aussprache von Fremdsprachen? Finden Sie es anstrengend, lange zu sprechen? Dann sollten Sie die Kraft Ihrer Stimme in diesem Kurs kennen lernen.

Mit gezielten Übungen lernen Sie, wie man ohne Anstrengung eine klangvolle Stimme bekommt.

D

Gesangsunterricht

Ob allein oder in der Gruppe, Singen entspannt! In diesem Kurs lernen Sie Ihre Stimme als Instrument kennen. Neben Atemübungen stehen Stimmbildung und Gesangstechnik auf dem Programm.

E

Zeitmanagement

Ein Termin jagt den nächsten. In unserer hektischen Zeit ist es wichtig, mit diesem kostbaren Gut richtig umzugehen. In diesem Wochenendseminar bekommen Sie wichtige Tipps zur sinnvollen Zeiteinteilung. Inhalt: Setzen von Prioritäten, Erkennen von „Zeitfressern" und Störfaktoren, bewusste Zeit- und Lebensplanung.

Der wertvolle Umgang mit der Zeit lässt Sie produktiver, effektiver und stressfreier arbeiten. Wertvolle Tipps und das Erkennen des eigenen Zeittyps erleichtern Ihnen den beruflichen Alltag und erhöhen die eigene Lebensqualität.

F

Haushaltsplanung

Sie sind berufstätig oder noch in der Ausbildung und haben einen Haushalt zu organisieren? Sie und Ihr Partner studieren und möchten sich die Hausarbeit und Kindererziehung teilen? Wir zeigen Ihnen, wie Sie Kind und Karriere unter einen Hut bringen, indem Sie sinnvolle Zeitpläne erstellen und damit mehr Zeit für sich und Ihre Familie gewinnen.

G

Autogenes Training

Autogenes Training wurde in den zwanziger Jahren von dem Psychiater Johann Heinrich Schulz entwickelt. Es ist eine Methode, die es uns ermöglicht, durch einfache Übungen in einen Zustand tiefer Entspannung zu kommen. Im Autogenen Training verbinden wir die geistige, gefühlsmäßige und körperliche Ebene durch Selbstbeeinflussung. Es hilft bei vielfältigen Formen von Stress und Angst, weil das Gleichgewicht zwischen Spannung und Entspannung wieder hergestellt wird.

H

Crash-Kurs: Digitalkamera

An einem Abend zeigt Ihnen der Fotograf unserer Lokalzeitung, was man beim Fotografieren mit den neuen digitalen Kameras beachten muss. Inhalt des Kurses: Handhabung, Technik, Datengröße; Bilder auf den PC laden und am PC bearbeiten. Bringen Sie Ihre Kamera an diesem Abend mit.

Leseverstehen, Aufgabe 1

Schritt für Schritt zur Lösung

So geht's

1. Bearbeitungsschritt

**Items lesen
Schlüsselwörter markieren**

↳ Sie lesen zuerst alle Items und markieren Schlüsselwörter.

↳ Beim Lesen machen Sie sich den Inhalt der Aussage klar.

So könnten Ihre Markierungen zu den Beispiel-Items (01) und (02) aussehen:

(01) Eine Studienfreundin hat sich ihre erste digitale Kamera gekauft und möchte lernen, wie man damit umgeht.
(02) Sie möchten Ihre Yoga-Kenntnisse erweitern.

2. Bearbeitungsschritt

**Überschriften der Kurztexte lesen
Schlüsselwörter markieren**

↳ Im zweiten Schritt lesen Sie die Überschriften der Kurztexte. Damit verschaffen Sie sich einen Überblick, worum es in den Kurztexten geht. Beim Lesen markieren Sie die Schlüsselwörter.

Schauen wir uns anhand des Beispiel-Items (02) an, warum Kurztext **A** die richtige Antwort ist.

➲ Lesen Sie den Kurztext **A** und markieren Sie Schlüsselwörter.

So könnten Ihre Markierungen aussehen:
➲ Kurztext A

Entspannung durch Yoga

Aufbauend auf den im Anfängerkurs erworbenen Grundkenntnissen steht die Vertiefung und Vervollkommnung der Übungen im Mittelpunkt der zehn Abende. Atem- und Konzentrationsübungen sollen sowohl zum harmonischen Befinden als auch zur seelischen Entspannung führen.
Bitte tragen Sie bequeme, warme Sportkleidung und bringen Sie eine Decke mit.

➲ Überlegen Sie nun, warum Kurztext **A** zu Item (02) passt.

↳ Schon in der Überschrift kommt das Schlüsselwort „Yoga" vor.

↳ Die wichtigste Aussage des Items ist: Yoga-Kenntnisse erweitern

↳ Im Kurztext **A** steht, dass auf Grundkenntnissen aufgebaut wird und eine Vertiefung und Vervollkommnung stattfinden soll. Damit ist also eine „Erweiterung" der Grundkenntnisse gemeint. Deshalb ist **A** hier die richtige Lösung.

➲ Streichen Sie Kurztext **A** jetzt in der Prüfungsaufgabe durch: Er darf nicht mehr ausgewählt werden.

Tipp: Achten Sie auf Synonyme und Umschreibungen. Die Schlüsselwörter aus den Items kommen nicht wörtlich in den Kurztexten vor.

Wichtiger Hinweis

Auf dem Aufgabenblatt in der Prüfung ist der Kurztext, der zu den Beispielen gehört, bereits markiert, muss also nicht mehr bearbeitet werden.

Nachdem Sie die Überschriften der Kurztexte gelesen haben, gehen Sie zu den Items zurück. Achten Sie beim Lesen darauf, dass es Items gibt, die ähnlich sind, sich aber doch im Detail unterscheiden (z. B. 3 und 6; 7 und 8).

Überschriften der Kurztexte passenden Items zuordnen

3. Bearbeitungsschritt

↳ Beim dritten Schritt orientieren Sie sich an den Überschriften. Sie suchen diejenigen Kurztexte, die zu den jeweiligen Items passen könnten.

Ausgewählte Kurztexte genau lesen
Wichtige Informationen markieren

4. Bearbeitungsschritt

↳ Beim vierten Schritt lesen Sie die ausgewählten Kurztexte genau und markieren dabei wichtige Informationen. Wie bei den Items gibt es auch Texte, die sich mit ähnlichen Themen befassen. Lesen Sie genau und lassen Sie sich nicht durch gleichlautende Schlüsselwörter irritieren.

Tipp: Lesen Sie Items und Kurztexte genau, achten Sie auf feine Unterschiede in den Aussagen.

Zum Beispiel gibt es zwei Kurztexte, die etwas mit Stimme bzw. Gesang zu tun haben. Lesen Sie die Items noch einmal und suchen Sie diejenigen, die sich mit dem Thema „Gesang" bzw. „Stimme" befassen.
Es sind die Items (2), (5) und (10).

➲ Lesen Sie den Kurztext **C** und markieren Sie Schlüsselwörter.

So könnten Ihre Markierungen aussehen:

◉ Kurztext C

> ### Stimmbildung
> Sprechen Sie zu leise? Haben Sie Probleme mit der Aussprache von Fremdsprachen? Finden Sie es anstrengend, lange zu sprechen? Dann sollten Sie die Kraft Ihrer Stimme in diesem Kurs kennen lernen.
> Mit gezielten Übungen lernen Sie, wie man ohne Anstrengung eine klangvolle Stimme bekommt.

➲ Prüfen Sie nun noch einmal die Hauptaussagen der Items (2), (5) und (10).

↳ In Item (2) möchte ein Freund von Ihnen „seine Unsicherheit überwinden". Die Schlüsselwörter sind hier „schüchtern" und „beim Sprechen sicherer werden". Wahrscheinlich ist Deutsch eine Fremdsprache für ihn, und möglicherweise hat er Probleme mit der Aussprache. Die könnte er in Kurs **C** verbessern. Also passt dieser Lesetext zu Item (2). Die Schlüsselwörter kommen allerdings nicht wörtlich vor. Statt „Phonetik" (Item 2) steht im Lesetext „Aussprache".

Tipp: Manchmal müssen Sie – wie in diesem Beispiel – interpretieren.

↳ Item (5) passt nicht zu Text **C**: In diesem Kurs bzw. Kurztext geht es nicht um „Gesang", und Ihre Bekannte möchte ja in einen Chor aufgenommen werden.
Item (10) passt auch nicht zu Text **C**, weil dieser Studienfreund „singen und musizieren" möchte. Davon steht aber nichts in Lesetext **C**.

↳ Denken Sie bei Item (10) daran, dass Sie die Kurztexte genau lesen müssen.

In Kurztext **D** wird zwar die „Stimme als Instrument" bezeichnet, das bedeutet aber nicht „musizieren". Damit meint man im Deutschen „das Spielen auf einem Musikinstrument" wie z. B. Klavier spielen.

Wichtiger Hinweis

⚙ Sie müssen sich also die Bedeutung der Schlüsselwörter ganz klar machen. Die Unterschiede können sehr fein sein.

➲ Tragen Sie hinter das Item (2) nun den Buchstaben C ein.
Nun können Sie auch diesen Text streichen, er kann nicht mehr zugeordnet werden.

➲ Ordnen Sie nun die restlichen Lesetexte den entsprechenden Items zu, indem Sie die Bearbeitungsschritte 2 bis 4 durchführen.

Sehen wir uns nun an, warum Item (01) zu keinem der Kurztexte passt:

↳ In zwei Texten geht es um das Thema „Fotografieren": in den Texten **B** und **H**.

➲ Lesen Sie die beiden Kurztexte und markieren Sie Schlüsselwörter.

↳ Wenn Sie die Hauptinformation von Kurztext **B** erfasst haben, dann haben Sie sicher verstanden, dass es in diesem Kurs um das „Fotografieren in der Natur" geht und nicht um den Umgang mit einer digitalen Kamera im Allgemeinen. Dieser Kurs passt also nicht zum Item (01).

↳ Kurztext **H** beschreibt einen so genannten „Crash-Kurs", das heißt einen Schnellkurs, in dem an einem Abend die Handhabung einer digitalen Kamera erklärt wird. Das ist sicherlich auch kein Kurs, der dafür geeignet ist, jemandem, der seine „erste digitale" Kamera gekauft hat, den Umgang zu erläutern. Deshalb passt auch dieser Kurztext nicht zu Item (01).

➲ Bearbeiten Sie nun die übrigen Items der Prüfungsaufgabe auf S. 10.

➲ Übertragen Sie jetzt Ihre Lösungen auf das Antwortblatt.
Markieren Sie so: ☒
Nicht so: ⤬☐ ☒ ☒ ☑ ▪
Wenn Sie ein falsch markiertes Feld korrigieren möchten, dann füllen Sie es ganz aus.
So: ■. Markieren Sie dann das richtige Feld: ☒

	B	C	D	E	F	G	H	I
1	☐	☐	☐	☐	☐	☐	☐	☐
2	☐	☐	☐	☐	☐	☐	☐	☐
3	☐	☐	☐	☐	☐	☐	☐	☐
4	☐	☐	☐	☐	☐	☐	☐	☐
5	☐	☐	☐	☐	☐	☐	☐	☐
6	☐	☐	☐	☐	☐	☐	☐	☐
7	☐	☐	☐	☐	☐	☐	☐	☐
8	☐	☐	☐	☐	☐	☐	☐	☐
9	☐	☐	☐	☐	☐	☐	☐	☐
10	☐	☐	☐	☐	☐	☐	☐	☐

Übung

Zusätzliche Übungsaufgabe zum Leseverstehen 1

Sie suchen für sich und Ihre Bekannten Freizeitaktivitäten an Ihrer Hochschule.

Lesen Sie die Beschreibungen der Angebote in der Hochschulzeitung. Schreiben Sie den Buchstaben für die passende Beschreibung in das Kästchen rechts. Jede Beschreibung kann nur **einmal** gewählt werden. Es gibt nicht für jede Situation eine passende Beschreibung. Gibt es für eine Situation keinen passenden Text, dann schreiben Sie den Buchstaben **I**.

Sie suchen ein passendes Angebot.

(01)	Ihr deutscher Kommilitone möchte gerne in einer Mannschaft Sport treiben.	A
(02)	Sie möchten eine neue Sprache lernen.	I
1	Ihre Freundin fotografiert gerne.	
2	Sie haben Prüfungsstress und möchten sich entspannen.	
3	Sie möchten sich gerne viel im Freien bewegen.	
4	Ihre deutsche Freundin diskutiert gerne mit anderen Menschen.	
5	Sie möchten Menschen kennen lernen und dabei auch etwas für den Alltag lernen.	
6	Ihr ausländischer Kommilitone möchte die Umgebung der Stadt kennen lernen.	
7	Sie interessieren sich für Theater.	
8	Ihr deutscher Freund möchte in einer Gruppe Gitarre spielen.	
9	Sie spielen gerne Gesellschaftsspiele.	
10	Ihre Freundin möchte gerne traditionelle Tänze lernen.	

A

Wenn Du einen Sport suchst, den man im Winter drinnen und im Sommer draußen machen kann und wenn Du Sport in einer Gruppe besser findest als alleine, dann bist Du bei uns richtig: Die Volleyball-Gruppe des Sportinstituts sucht noch Verstärkung. Im Winter trainieren und spielen wir in der Halle des Instituts und im Sommer treffen wir uns immer zum Beach-Volleyball am Rheinstrand.

B

Wer viel Stress im Studium hat, braucht einen Ausgleich. Der Yoga-Kurs des Sportinstituts ist eine ideale Möglichkeit, den Alltag hinter sich zu lassen und Ruhe zu finden. Jeweils donnerstags von 20.00 bis 21.00 Uhr lernen Sie unter Anleitung einer erfahrenen Trainerin die verschiedenen Yoga-Übungen kennen.

C

Wir sind eine Gruppe Studenten aus allen Fachrichtungen mit einem gemeinsamen Hobby: Wir treffen uns immer dienstags ab 20.00 Uhr im Nebenzimmer der Gastwirtschaft „Linde". Ein Semester lang spielen wir gemeinsam ein Rollenspiel. Bei dieser Spielform bewegst Du keine Figuren auf einem Brett, sondern spielst die Rolle einer fremden Person, löst Aufgaben und sammelst Punkte. Und in netter Gesellschaft bist Du auch noch.

D

Komm mit uns: Bewegung an der frischen Luft ist gut für die Gesundheit. Wir sind eine Gruppe fröhlicher Menschen, die gerne mal aus der Stadt rauskommen wollen. Wir wandern durch die Landschaft und lernen sogar etwas dabei. Denn ein ausgebildeter Wanderführer zeigt uns interessante Orte und Sehenswürdigkeiten.

E

Der Lauftreff an unserer Hochschule bietet auch in diesem Semester wieder verschiedene Kurse und Mitmach-Angebote. Ob leichtes Jogging durch den Park oder Training für den Marathon: Bei uns gibt es für jeden das passende Angebot. In der Gruppe macht Bewegung Spaß und man lernt nette Leute kennen. Wer Interesse hat, ruft einfach an: 112233

F

Keine Lust mehr, immer das Gleiche zu essen? Dann komm doch zu unserer Koch-AG. Hier kannst Du lernen, wie man jeden Tag zuhause ein gutes Essen zubereiten kann. Wir treffen uns immer am Freitagabend in der Küche der Heinrich-Heine-Schule. Beim gemeinsamen Kochen gibt es auch Gelegenheit für interessante Gespräche und neue Bekanntschaften.

G

Das Hochschulorchester will sich vergrößern und sucht deshalb neue Mitglieder. Wir wollen gerne neue Musikrichtungen in unser Programm aufnehmen und neue Gruppen gründen. Es muss also nicht Geige oder Trompete sein. Wenn Sie ein Instrument spielen und Interesse haben, vielleicht bei uns mitzuspielen, rufen Sie einfach den Orchesterleiter, Herrn Dr. Zapf, an: 123-45678.

H

Wir sind eine Gruppe Studenten aus ganz verschiedenen Ländern und möchten gerne zeigen, wie wir die Welt sehen. Deshalb möchten wir eine Foto-AG gründen und suchen dafür noch weitere Mitglieder. Alles, was Du brauchst, ist ein eigener Fotoapparat und Spaß am Fotografieren.

(Manchmal haben die Kurztexte keine Überschriften. Dann entfällt Bearbeitungsschritt 3.)

➲ Übertragen Sie jetzt Ihre Lösungen auf das Antwortblatt.

	B	C	D	E	F	G	H	I
1	☐	☐	☐	☐	☐	☐	☐	☐
2	☐	☐	☐	☐	☐	☐	☐	☐
3	☐	☐	☐	☐	☐	☐	☐	☐
4	☐	☐	☐	☐	☐	☐	☐	☐
5	☐	☐	☐	☐	☐	☐	☐	☐
6	☐	☐	☐	☐	☐	☐	☐	☐
7	☐	☐	☐	☐	☐	☐	☐	☐
8	☐	☐	☐	☐	☐	☐	☐	☐
9	☐	☐	☐	☐	☐	☐	☐	☐
10	☐	☐	☐	☐	☐	☐	☐	☐

Leseverstehen, Aufgabe 2

Beschreibung dieses Prüfungsteils

Was erhalten Sie?

In diesem Prüfungsteil erhalten Sie einen längeren Text (ca. 450 – 550 Wörter). Der Text ist journalistisch geschrieben und behandelt ein wissenschaftliches oder gesellschaftspolitisches Thema.

Zu diesem Text gibt es 10 Aufgaben mit verschiedenen Aussagen zum Text, bei denen Sie entscheiden sollen, welche der Aussagen (A, B, C) dem Inhalt des Textes entspricht.

Was wird von Ihnen erwartet?

Bei diesem Prüfungsteil sollen Sie zeigen, …
– dass Sie in einem Text detaillierte Informationen suchen und verstehen können;
– dass Sie die Gesamtaussage des Textes verstehen.

Aufgabentyp

Es handelt sich um eine geschlossene Aufgabe, d. h eine Multiple-Choice-Aufgabe mit drei Auswahl-Antworten. Sie müssen die richtige Aussage ankreuzen.

Dauer

Nehmen Sie sich für diese Aufgabe maximal 20 Minuten Bearbeitungszeit.

Wie wird diese Aufgabe bewertet?

Für jedes richtig angekreuzte Item bekommen Sie einen Punkt.

Wichtiger Hinweis

❂ Der Schwierigkeitsgrad von Lesetext 2 entspricht der TestDaF-Niveaustufe 4 (TDN 4).

So sieht die Prüfungsaufgabe aus

Leseverstehen, Aufgabe 2

Lesen Sie den Text und lösen Sie die Aufgaben.

Denken Männer und Frauen anders?

Hartnäckig hält sich die Vorstellung, wonach es auf mentalem Gebiet große Talentunterschiede zwischen den Geschlechtern gibt. Die Vertreter dieser Theorie verweisen dabei gerne auf Erfahrungen aus dem Alltag. So könnten beispielsweise Frauen wegen ihrer mangelhaften Raumorientierung schlechter einparken als Männer. Auf der anderen Seite könnten die Männer schlechter reden, weil diejenige Region im Gehirn, die Sprache verarbeitet, nicht so ausgebildet ist.

Die Psychologin Shibley Hyde von der Universität Wisconsin hat jedoch 50 der bekanntesten Thesen zu den mentalen Unterschieden zwischen Mann und Frau näher untersucht, und ihr Fazit fällt eindeutig aus: „Nur die wenigsten davon halten einer wissenschaftlichen Überprüfung stand". In 80 Prozent der untersuchten Eigenschaften sind die Fähigkeiten der beiden Geschlechter ähnlich. „Dazu zählen auch mathematische Fähigkeiten, Impulsivität, Führungsstärke, Selbstwertgefühl und sprachliche Kompetenz", so Hyde.

Viele der angeblichen Unterschiede kommen erst dadurch zustande, dass man sie den Menschen einredet. Wie zum Beispiel in der Mathematik. So fanden Wissenschaftler heraus, dass Frauen nur dann in mathematischen Tests schlechter abschneiden, wenn man ihnen vorher sagt, dass sie bekanntlich weniger Begabung dafür hätten. Ohne derlei Hinweise schnitten die Geschlechter hingegen ähnlich gut ab.

Doch es gibt auch mentale Aktivitäten, in denen sich Männer und Frauen tatsächlich unterscheiden. Wie etwa in der Raumorientierung. Das Hormon Testosteron, das sich bei Männern und Frauen in Konzentration und Wirkungsweise unterscheidet, hilft den Männern dabei, dass sie gut Karten lesen und geometrische Figuren im Kopf besser drehen können als Frauen.

In der Kreativität sind Frauen allerdings ziemlich unabhängig von Hormonen. In einer Studie der Arizona State University waren Männer beim Schreiben von Kurzgeschichten deutlich kreativer, wenn sie dabei an eine attraktive Frau dachten. Bei weiblichen Versuchspersonen bewirkten ähnliche Fantasien von Männern hingegen keinerlei Steigerung in der kreativen Leistung. Was im Fazit heißt: Männer brauchen öfter eine Anregung, um kreativ zu sein, Frauen nicht.

Auch beim Einfühlungsvermögen gibt es Unterschiede zwischen den Geschlechtern. So zeigt eine Studie, dass schon bei elfjährigen Kindern die Mädchen besorgter und mitfühlender sind als die Jungen. Allerdings zeigen sie auch stärkere Neigungen zu Depressionen, was vermutlich daran liegt, dass sie ihr Selbstwertgefühl mehr aus Sympathien und Bewertungen anderer ziehen und daher Trennung und Zurückweisung als stärker belastend empfinden.

Insgesamt setzen Männer beim Lösen von Problemen mehr die Zellkörper ihrer Hirnzellen ein, während Frauen sich mehr der filigranen Zellausläufer bedienen, mit denen die Nervenzellen untereinander in Kontakt treten.

Weibliche Gehirne setzen auch psychologisch betrachtet mehr auf Kommunikation. Für die geistigen Leistungen bedeutet dies, dass Männer Probleme eher dadurch lösen, dass sie sich hartnäckig darin verbeißen. Frauen hingegen schauen dabei lieber über den Tellerrand, betrachten auch solche Aspekte, die auf den ersten Blick nur wenig mit der Lösung des aktuellen Problems zu tun haben.

Mit beiden Strategien kommt man vorwärts. Das fokussierte Denken der Männer hilft beispielsweise beim Schach und bei logischen Denkaufgaben, während das vernetzte Denken der Frauen nach Meinung von Fachleuten zum Leiten von großen Industrieunternehmen und sozialen Gemeinschaften befähigt.

Der Unterschied im Verhalten der Geschlechter ist nicht nur eine Sache der Erziehung. Dies beweisen Versuche mit Affen, denen man verschiedene Spielzeuge gab. Die Affenjungen bevorzugten Autos, die Affenmädchen nahmen den Ball. Die Erziehung kann aber verschiedene Persönlichkeiten ausbilden. Deshalb ist es gut, Kindern alle Angebote beim Spielen und in der Freizeit zu machen.

Markieren Sie die richtige Antwort (A, B oder C).

(0) Frauen

A haben im Gehirn einen kleineren Raum für Sprache als Männer.
B finden sich in Räumen schlechter zurecht als Männer.   Lösung: B
C finden nicht so gut einen Parkplatz wie Männer.

11. Die Psychologin Shibley Hyde hat herausgefunden, dass

A 80 % der Männer und Frauen unterschiedlich sind.
B 80 % der Unterschiede wissenschaftlich unbewiesen sind.
C Männer und Frauen zu 80 % ähnliche Fähigkeiten haben.

12. Frauen sind schlechter in Mathematik,

A obwohl sie mehr Begabung haben.
B weil Männer mehr Begabung haben.
C wenn man es ihnen einredet.

13. Das Hormon Testosteron

A hilft Männern, räumlich zu denken.
B ist bei Frauen seltener vorhanden.
C ist verantwortlich für die Konzentration.

14. Männer sind kreativer, wenn sie

A an etwas Schönes denken.
B von Hormonen unabhängig sind.
C Kurzgeschichten schreiben.

15. Mädchen können schneller depressiv werden, weil sie

A häufiger von anderen abgelehnt werden.
B positive Signale von anderen brauchen.
C sich mehr Sorgen um andere machen.

16. Im Gehirn nutzen Männer und Frauen zur Problemlösung

A beide die gesamte Nervenzelle.
B beide dieselben Teile der Nervenzelle.
C verschiedene Teile einer Nervenzelle.

17. Wenn Männer ein Problem lösen,

A konzentrieren sie sich nur auf dieses Problem.
B sind für sie alle Aspekte des Problems wichtig.
C suchen sie auch nach einem kommunikativen Weg.

18. Die weibliche Denkstrategie

A hilft bei sozialer Arbeit.
B ist wichtig für Netzwerke.
C macht Führungsaufgaben leichter.

19. Versuche mit Affen beweisen, dass

A das Verhalten der Geschlechter genetisch ist.
B Erziehung entscheidend für das Verhalten der Geschlechter ist.
C Spielzeuge für das Verhalten der Geschlechter wichtig sind.

20. Der Text berichtet darüber, dass sich Männer und Frauen

A in allen mentalen Fähigkeiten unterscheiden.
B nur beim Lösen von Problemen unterscheiden.
C nur in einigen mentalen Fähigkeiten voneinander unterscheiden.

Leseverstehen, Aufgabe 2

Schritt für Schritt zur Lösung

So geht's

1. Bearbeitungsschritt

Text lesen
Wichtige Aussagen markieren

↳ Sie lesen den Text zuerst einmal ganz durch.

↳ Sie markieren beim Lesen in jedem Abschnitt die wichtigen Aussagen und Schlüsselwörter.

Wichtiger Hinweis

Tipp: Notieren Sie sich am Rand in ein oder zwei Wörtern, worum es in dem Abschnitt geht.

⚬ Halten Sie sich nicht zu lange mit Stellen auf, die Ihnen schwierig erscheinen. Wichtig ist, dass Sie einen Gesamteindruck vom Text bekommen.

Schauen wir uns dies beim ersten Abschnitt genauer an.

➲ Lesen Sie Textauszug 1.

○ Lesetext 2, Auszug 1

> Hartnäckig hält sich die Vorstellung, wonach es auf mentalem Gebiet große Talentunterschiede zwischen den Geschlechtern gibt. Die Vertreter dieser Theorie verweisen dabei gerne auf Erfahrungen aus dem Alltag. So könnten beispielsweise Frauen wegen ihrer mangelhaften Raumorientierung schlechter einparken als Männer. Auf der anderen Seite könnten die Männer schlechter reden, weil diejenige Region im Gehirn, die Sprache verarbeitet, nicht so ausgebildet ist.

Worum geht es in diesem Abschnitt?
Meistens nennt schon der erste Satz das Thema. Aber nicht das ganze Satzgefüge ist wichtig. Nur ein Teil davon ist eine wichtige Aussage: „ ... auf mentalem Gebiet große Talentunterschiede zwischen den Geschlechtern ..."

Tipp: Notieren sie am Rand des Textes in ein oder zwei Wörtern, worum es in dem Abschnitt geht.

➲ Markieren Sie diese Aussage im Textauszug 1.
Der zweite Satz ist sehr allgemein. Er enthält keine wichtigen Informationen.
Der dritte und vierte Satz dagegen enthalten wichtige Schlüsselwörter und Aussagen: Hier werden **Frauen** und **Männer** in Beispielen verglichen. Beiden Schlüsselwörtern sind Aussagen zugeordnet.

➲ Ergänzen Sie die folgende Tabelle.

	Was können sie nicht?	Warum können sie es nicht?
Frauen		
Männer		

In der Tabelle stehen jetzt die wichtigen Aussagen zu den beiden Schlüsselwörtern.

➲ Markieren Sie die Schlüsselwörter und die dazugehörenden Aussagen im Textauszug 1.

An diesem Textbeispiel erkennen Sie, wie wichtig Wörter sind, die dem Text und seinen Informationen eine Struktur geben. Hier sind es die Wörter:
– beispielsweise ↳ Sie erkennen, dass ein Beispiel folgt.
– wegen / weil ↳ Sie erkennen, dass danach eine Begründung gegeben wird.

❂ Lesen Sie nun den ganzen Text. Markieren Sie wichtige Aussagen zu den Schlüsselwörtern.

Die Gesamtaussage des Textes in Gedanken formulieren

2. Bearbeitungsschritt

↳ Wenn Sie den Text durchgelesen und wichtige Aussagen markiert haben, formulieren Sie für sich selbst die Gesamtaussage des Textes. Das hilft Ihnen dabei, das Item (20), das sich meistens auf die Gesamtaussage des Textes bezieht, zu lösen.

Wichtiger Hinweis

⚬ Das Item (20) bezieht sich in der Regel auf die Gesamtaussage des Textes.

Was versteht man unter: Gesamtaussage?
↳ Die Gesamtaussage ist die Hauptaussage des ganzen Textes, oder anders gesagt: Die Erkenntnis, die man nach dem Lesen des Textes bekommen hat.

Wie finden Sie die Gesamtaussage?
↳ Fragen Sie sich: Was weiß ich jetzt mehr als vorher?
In unserem Beispieltext ist die Gesamtaussage auch eine Antwort auf die Überschrift:

Denken Männer und Frauen anders?

❂ Beantworten Sie die in der Überschrift enthaltene Frage und formulieren Sie die Gesamtaussage des Textes.

Die Gesamtaussage lautet:

....

Wenn die Überschrift Ihres Textes keine Frage, sondern eine Aussage ist, können Sie selbst eine Frage an den Text stellen (s. Übung 1, S. 25).

Tipp: Stellen Sie eine Frage an den Text, um die Gesamtaussage zu erkennen.

Items lesen
Schlüsselwörter markieren

3. Bearbeitungsschritt

Das müssen Sie über die Items in der Leseaufgabe 2 wissen:

• Die Items (Ausnahme: das letzte Item) beziehen sich auf Einzelheiten des Textes: Es geht um Detailverstehen.
• Die Items folgen dem Textverlauf.
• Zu jedem Abschnitt gehört mindestens 1 Item, d.h. es kann auch mehrere Items zu einem Textabschnitt geben.
• Das Beispiel-Item gehört zum ersten Abschnitt: Dieser Abschnitt wird also nicht noch einmal abgefragt.
• Manchmal sind die Items als Teilaussagen formuliert, die durch die Varianten A, B, C ergänzt werden. Manchmal sind die Items als Fragen formuliert, die durch die Aussagen A, B oder C beantwortet werden (s. Übung 2, S. 26 / 27).

Beginnen wir mit dem Beispiel-Item.
Die Lösung ist angegeben: Es ist Aussage B. Doch warum?
Die Schlüsselwörter und die dazugehörenden Aussagen des Items sind:

(0) Frauen

A haben im Gehirn einen kleineren Raum für Sprache als Männer.
B finden sich in Räumen schlechter zurecht als Männer.
C finden nicht so gut einen Parkplatz wie Männer.

Sie fragen sich: Worum geht es in den drei Aussagen?

↳ Sie erkennen sicher, dass es in allen drei Aussagen um einen **Raum** geht: Ein Raum im Gehirn (A), Räume allgemein (B), ein Parkplatz als Raum für ein Auto (C). Außerdem wird jeweils eine Leistung der Frauen mit der Leistung der Männer verglichen.

4. Bearbeitungsschritt

Item-Aussagen mit dem Textabschnitt vergleichen

➲ Lesen Sie jetzt noch einmal den Textauszug 1 und vergleichen Sie die markierten Aussagen im Item mit den Unterstreichungen im Text.

◦ Lesetext 2, Auszug 1

Hartnäckig hält sich die Vorstellung, wonach es auf mentalem Gebiet große Talentunterschiede zwischen den Geschlechtern gibt. Die Vertreter dieser Theorie verweisen dabei gerne auf Erfahrungen aus dem Alltag. So könnten beispielsweise Frauen wegen ihrer mangelhaften Raumorientierung schlechter einparken als Männer. Auf der anderen Seite könnten die Männer schlechter reden, weil diejenige Region im Gehirn, die Sprache verarbeitet, nicht so ausgebildet ist.

Aussage A
Es geht um die Region im Gehirn, in der Sprache verarbeitet wird.
Der Text sagt eindeutig, dass diese Region bei Männern nicht so ausgebildet ist.
↳ Aussage A ist falsch.

Aussage B
Aussage B sagt, dass Frauen sich in Räumen schlechter zurechtfinden, d. h. sie haben eine schlechtere Orientierung.
Im Text heißt es: Frauen können wegen ihrer mangelhaften (= schlechten) Raumorientierung (= sich in Räumen zurecht finden) schlechter einparken.
↳ Aussage B ist richtig.

Aussage C
„Einen Parkplatz finden" ist nicht das gleiche wie „einparken".
↳ Aussage C ist falsch.

➲ Lesen Sie jetzt Item (11). Markieren Sie die Schlüsselwörter.

11. Die Psychologin Shibley Hyde hat herausgefunden, dass

A 80 % der Männer und Frauen unterschiedlich sind.
B 80 % der Unterschiede wissenschaftlich unbewiesen sind.
C Männer und Frauen zu 80 % ähnliche Fähigkeiten haben.

◯ Gehen Sie nun selbst Schritt für Schritt vor.

Fragen Sie sich: Wie lautet das Thema dieses Items?

Thema dieses Items: ....

◯ Suchen Sie im Text den Abschnitt mit diesem Thema.

◯ Lesen Sie den Abschnitt und fragen Sie sich bei den Aussagen **A**, **B** und **C**, ob Sie richtig oder falsch sind. Notieren Sie:

Aussage **A** ist ....

↳ Begründung: ....

Aussage **B** ist ....

↳ Begründung: ....

Aussage **C** ist ....

↳ Begründung: ....

◯ Bearbeiten Sie nun nach diesem System die Items (12) – (19). Markieren Sie Ihre Lösungen in der Aufgabe auf S. 19.

Gesamtaussage des Textes formulieren

5. Bearbeitungsschritt

Betrachten wir nun das Item (20).
Das letzte Item bezieht sich auf die Gesamtaussage des Textes.

◯ Schreiben Sie hier noch einmal die Gesamtaussage auf, die Sie gleich nach dem Lesen des Textes formuliert haben.

Die Gesamtaussage des Textes lautet:

↳ ....

◯ Lesen Sie jetzt die Aussagen von Item (20) noch einmal. Markieren Sie die Schlüsselwörter.

20. Der Text berichtet darüber, dass sich Männer und Frauen

A in allen mentalen Fähigkeiten unterscheiden.
B nur beim Lösen von Problemen unterscheiden.
C nur in einigen mentalen Fähigkeiten unterscheiden.

↳ Sie erkennen: In allen drei Aussagen geht es um „Fähigkeiten". Jetzt müssen Sie wieder versuchen, Aussagen auszuschließen. Dazu müssen Sie auch auf Adverbien, Zahlwörter, Verneinungen achten.

In **Aussage A** heißt es:

– in allen mentalen Fähigkeiten …
Im Text erfahren wir jedoch, dass die Psychologin Shibley Hyde viele Ähnlichkeiten gefunden hat.
↳ Aussage **A** ist falsch.

In **Aussage B** heißt es:

– <u>nur</u> beim Lösen von Problemen …
Im Text erfahren wir jedoch, dass es <u>auch Unterschiede bei der kreativen Leistung</u> gibt.
↳ Aussage **B** ist falsch.

In **Aussage C** heißt es:

– <u>nur in einigen</u> mentalen Fähigkeiten …
Im Text erfahren wir, dass es Unterschiede in der kreativen Leistung, in der Raumorientierung und in der Problemlösung gibt.
↳ Aussage **C** ist richtig.

➲ Übertragen Sie jetzt Ihre Lösungen auf das Antwortblatt.

	A	B	C
11	☐	☐	☐
12	☐	☐	☐
13	☐	☐	☐
14	☐	☐	☐
15	☐	☐	☐
16	☐	☐	☐
17	☐	☐	☐
18	☐	☐	☐
19	☐	☐	☐
20	☐	☐	☐

Übungen

Übung 1: Schlüsselwörter, Hauptaussagen und Gesamtaussage

1. Lesen Sie den folgenden Text einmal durch.

Die universelle Sprache von Sieg und Niederlage

Sportler aus allen Kulturen zeigen ihren Stolz oder ihre Enttäuschung mit verschiedenen Gesten, die sich auf den ersten Blick kaum unterscheiden. Doch bedeutet dies, dass der Ausdruck von Stolz und Scham nicht durch Nachahmen gelernt wird, sondern angeboren ist?

Kanadische Forscher haben in einer Studie Fotos von Athleten analysiert, die an den Olympischen und den Paralympischen Spielen im Jahr 2004 teilgenommen hatten. Dabei verglichen die Wissenschaftler Gestik und Körpersprache von Judokämpfern aus über 30 verschiedenen Ländern, die entweder von Geburt an blind waren, im Lauf ihres Lebens erblindet waren oder normal sehen konnten. Bei ihrer Untersuchung werteten die Wissenschaftler 15 Sekunden lange Bilderserien aus, die von einem offiziellen Fotografen unmittelbar nach jedem Kampf aufgenommen worden waren. So konnten sie die Reaktionen der Sportler sekundengenau beobachten und dabei die typischen Positionen von Kopf, Armen und Körper analysieren.

Unabhängig von Sehbehinderung und Herkunft zeigten die Sportler ihren Stolz über einen Sieg stets auf ähnliche Weise: Sie rissen die Arme in die Höhe, dehnten ihre Brust und warfen den Kopf nach hinten. Auch die Reaktion bei einer Niederlage war bei blinden und sehenden Judokämpfern ähnlich. So verbargen die Verlierer häufig ihr Gesicht und ließen die Schultern hängen, so dass ihre Brust schmaler wirkte. Allerdings drückten sehende Athleten ihre Gefühle bei einer Niederlage je nach Herkunftsland unterschiedlich stark aus, stellten die Psychologen fest. So neigten Teilnehmer aus westlichen, eher individualistischen Kulturen wie den USA und Europa dazu, ihre Scham über die Niederlage weniger stark zu zeigen als beispielsweise Teilnehmer aus asiatischen Ländern. Dagegen zeigten von Geburt an blinde Athleten unabhängig von ihrer Herkunft vergleichbare Reaktionen.

„Von Geburt an blinde Menschen haben niemals beobachtet, wie andere sich verhalten, wenn sie stolz sind oder sich schämen", sagt Mitautorin Jessica Tracy. „Daher gehen wir davon aus, dass diese Gesten angeboren sind."

2. Welche Frage hilft Ihnen dabei, die Gesamtaussage des Textes zu ermitteln? Kreuzen Sie an.

a. ☐ Freuen sich blinde Sportler genauso wie sehende?
b. ☐ Haben blinde und sehende Sportler auf der ganzen Welt die gleichen Gesten für Freude und Enttäuschung?
c. ☐ Sind blinde und sehende Sportler auf der ganzen Welt gleich?
d. ☐ Sind die Gesten für Freude und Enttäuschung angeboren?

3. Formulieren Sie jetzt in eigenen Worten die Gesamtaussage des Textes.

....

Leseverstehen, Aufgabe 2

Im zweiten Abschnitt wird die Studie der kanadischen Forscher beschrieben.

4. Unterstreichen Sie im zweiten Abschnitt alle Schlüsselwörter, die wichtig sind, um die Untersuchung zu verstehen.

5. Im dritten Abschnitt werden die Ergebnisse der Untersuchung dargestellt: Was haben die Forscher über die Gesten bei blinden und sehenden Sportlern aus verschiedenen Kulturen herausgefunden?

6. Markieren Sie die wichtigen Aussagen zu den beiden Schlüsselwörtern „Sieg" und „Niederlage" im Text. Notieren Sie die Aussagen.

Sieg	
Niederlage	

Übung 2: Zusätzliche Übungsaufgabe zum Leseverstehen 2

Bei dieser Aufgabe sind die Items als Fragen formuliert. Sie erhalten drei Antwortmöglichkeiten, eine davon ist jeweils richtig.

Lesen Sie den Text und lösen Sie die Aufgaben.

Megacitys: Wo Milliardengeschäfte und Überlebenskampf Nachbarn sind

Es ist das Jahrhundert der Städte: Nie zuvor gab es so viele Metropolen und Riesenstädte wie heute. 23 von ihnen fallen sogar unter die offizielle UN-Definition einer Megacity. Denn sie haben entweder mehr als 10 Millionen Einwohner oder aber eine Bevölkerungsdichte von mehr als 2.000 Menschen pro Quadratkilometer. Sie beherbergen allein sieben Prozent der Weltbevölkerung. In Deutschland dagegen gibt es zwar keine Riesen-Metropolen, aber eine Vielzahl kleinerer Städte gleichberechtigt nebeneinander.

Megacitys leisten einerseits als Markt für die Waren der Globalisierung einen unverzichtbaren Beitrag zur Weltwirtschaft, andererseits konzentrieren sich in ihnen Umweltverschmutzung, Hunger und Kriminalität. Im indischen Mumbai leben im Schnitt 22.000 Menschen auf einem einzigen Quadratkilometer. Diese extreme Verdichtung im Zusammenleben sorgt für kurze Wege, gleichzeitig erschwert sie jedoch die Versorgung und die Verwaltung der Riesenstädte.

Die Zahlen zur aktuellen Bevölkerungsgröße der Megacitys sind unzuverlässig. Seit den 1970er-Jahren führt die UN auf der Basis von Volkszählungen, der Befragung repräsentativer Haushalte sowie Luftaufnahmen regelmäßig Schätzungen durch. Doch die Zahlen sind regelmäßig falsch, denn bestimmte Faktoren, wie z. B. unvorhergesehene Wanderungsbewegungen, können nicht berücksichtigt werden.

Die UN geht davon aus, dass eine Milliarde Menschen und damit ein Drittel aller Stadtbewohner ohne feste Unterkunft, ohne Wasser und Strom leben müssen. Doch selbst für diese Menschen ist das Leben in der Megacity attraktiver als auf dem Land. Es gibt trotz allem einen besseren Zugang zu Lebensmitteln und medizinischer Versorgung, mehr Jobs und größere Chancen auf eine Ausbildung.

In den Armenvierteln der Megacitys bilden sich Kleinindustrien, Wege und gemauerte Hütten entstehen, und auch das Miteinander funktioniert auf der Basis einer bemerkenswerten Selbstorganisation. Diese Strukturen ziehen immer mehr das Interesse von Stadtplanern und Soziologen auf sich. Manche Stadtplaner glauben sogar, die Slums könnten als Modell für den Entwurf neuer Stadtviertel dienen. Da sie organisch gewachsen sind, hat sich auch ein nachbarschaftlicher Zusammenhang entwickelt, der in geplanten Stadtvierteln gar nicht entstehen kann.

Mindestens genauso stark wie die Menschen das Gesicht der Stadt prägen, verändern die Städte auch den Lebensstil der Menschen. In letzter Zeit gehen die Geburtenraten in den Städten zurück, ein Trend, der zuerst in Europa, dann in Asien und mittlerweile auch in Afrika zu beobachten war. Denn in der Stadt ist die finanzielle Belastung durch ein Kind relativ betrachtet größer als auf dem Land. In Zukunft, glauben Wissenschaftler deshalb, wird es auch unter den armen Stadtbewohnern weniger, dafür aber besser genährte und ausgebildete Kinder geben.

Alle Megacitys stehen vor der gleichen Herausforderung. Sie müssen viele Menschen möglichst gut versorgen. Doch unterscheiden sich die konkreten Probleme der einzelnen Städte zum Teil erheblich, vor allem im Vergleich der Industrie- zu den Entwicklungs- und Schwellenländern. In einigen Megacitys spielt Geld dabei scheinbar keine Rolle, während in anderen kaum das Überleben der Menschen gesichert ist. In China wachsen die Städte schneller als überall sonst auf der Welt und erreichen immer neue Superlative. Forscher, vor allem auch aus Deutschland, versuchen daher, für jede Stadt die optimale Strategie zu finden, damit diese sich mit ihren speziellen Bedürfnissen und Problemen weiterentwickeln kann.

Experten zweifeln daran, dass Wachstum nach dem Motto: „je größer desto besser" die Probleme lösen kann. Sie empfehlen den Weg der Dezentralisierung. Die mittelgroßen Städte haben ein oft stärkeres Wachstum als die größten. Trotzdem sind sich Demografen sicher: Die Anziehungskraft der Megacitys wird weltweit mindestens noch bis ins Jahr 2015 zunehmen.

Markieren Sie die richtige Antwort (A, B oder C).

(0) Was ist eine Megacity?

A Eine offiziell von der UN anerkannte Stadt.
B Eine Stadt, die ein bestimmtes Kriterium erfüllt.   Lösung: B
C Eine Stadt mit einer besonders großen Ausdehnung.

11. Welche Besonderheit gibt es in Deutschland?

A Die Hauptform der Städte sind kleinere Städte.
B Es gibt in Deutschland besonders viele Städte.
C In Deutschland gibt es keine Großstadt.

12. Worin liegt der Vorteil, aber auch das größte Problem der Megacitys?

A Die Menschen leben sehr dicht zusammen.
B Es gibt keine langen Wege in der Stadt.
C Menschen und Infrastruktur sind auf engstem Raum zusammengedrängt.

13. Warum kennt man die Bevölkerungszahl der Megacitys nicht genau?

A   Die Menschen können nicht wirklich gezählt werden.
B   Die Zahlen stammen aus den 1970er-Jahren.
C   Man kann nicht alle Faktoren mitberechnen.

14. Was macht eine Megacity für Menschen ohne feste Wohnung attraktiv?

A   Die Stadt bietet mehr Chancen auf ein gutes Leben und Einkommen.
B   In der Stadt gibt es bessere Überlebensmöglichkeiten als auf dem Land.
C   Sie haben in der Stadt bessere Chancen, sich persönlich zu entwickeln.

15. Wodurch werden Slums zu einem Vorbild für Stadtviertel?

A   Es gibt dort eine ganz spezielle Industrie und Infrastruktur.
B   Sie sind durch das Miteinander der Menschen organisiert.
C   Sie werden von Stadtplanern und Soziologen geplant.

16. Warum sinkt in den Megacitys die Geburtenrate?

A   Die Menschen sind besser ausgebildet.
B   Die Städte wachsen sehr schnell.
C   In der Stadt ist es teurer, ein Kind zu haben.

17. Worin unterscheiden sich viele Megacitys?

A   In der Entwicklung der Industrie.
B   In der Versorgung der Menschen.
C   In der Verteilung des Wohlstands.

18. Was versuchen deutsche Forscher in China?

A   Alle Probleme der riesigen Städte zu lösen.
B   Den besten Weg in die Zukunft zu finden.
C   Die optimale Stadt zu entwickeln.

19. Was empfehlen Experten zur Lösung der Probleme?

A   Die Megacitys sollen mehr Anziehungskraft haben.
B   Die Städte müssen weiter wachsen.
C   Es sollte mehr mittelgroße Städte geben.

20. Welche Bedeutung haben Megacitys für die Welt?

A   In Megacitys wohnen die meisten Menschen auf der Welt.
B   Ohne Megacitys kann die Weltwirtschaft nicht funktionieren.
C   Sie sind eine große Herausforderung und bieten viele Chancen.

➲ Übertragen Sie jetzt Ihre Lösungen auf das Antwortblatt.

	A	B	C		A	B	C
11	☐	☐	☐	16	☐	☐	☐
12	☐	☐	☐	17	☐	☐	☐
13	☐	☐	☐	18	☐	☐	☐
14	☐	☐	☐	19	☐	☐	☐
15	☐	☐	☐	20	☐	☐	☐

Leseverstehen,
Aufgabe 3

Beschreibung dieses Prüfungsteils

Was erhalten Sie?

In der dritten Aufgabe zum Leseverstehen erhalten Sie einen längeren Text (ca. 550 – 600 Wörter) aus einer wissenschaftsorientierten Zeitschrift. Dieser Text behandelt eine wissenschaftliche Problemstellung in wissenschaftlicher Sprache. Das bedeutet, dass er Merkmale der Wissenschaftssprache enthält. Im Text können auch Fachwörter oder ungewöhnliche Wörter vorkommen, die im Text erklärt werden. Kann man diese Wörter nicht aus dem Text selbst verstehen, werden sie in Fußnoten erklärt.

Zu diesem Text gibt es 10 Aussagen (Items), bei denen Sie entscheiden sollen, ob sie so im Text enthalten sind oder nicht.

Was wird von Ihnen erwartet?

Bei diesem Prüfungsteil sollen Sie zeigen, …
- dass Sie in einem Text detaillierte Informationen suchen und verstehen können;
- dass Sie in einem Text implizite Informationen suchen und verstehen können;
- dass Sie die Gesamtaussage des Textes verstehen.

Aufgabentyp

Es handelt sich um eine geschlossene Aufgabe: Sie müssen entscheiden,
- ob eine Aussage dem Inhalt des Textes entspricht: Sie kreuzen „Ja" an;
- ob eine Aussage dem Inhalt des Textes nicht entspricht: Sie kreuzen „Nein" an;
- ob der Text zu einer Aussage nichts sagt: Sie kreuzen „Text sagt dazu nichts" an.

Dauer

Nehmen Sie sich für diese Aufgabe maximal 20 Minuten Bearbeitungszeit.

Wie wird diese Aufgabe bewertet?

Für jedes richtig angekreuzte Item bekommen Sie einen Punkt.

Wichtiger Hinweis

Der Schwierigkeitsgrad von Lesetext 3 entspricht der TestDaF-Niveaustufe 5 (TDN 5).

So sieht die Prüfungsaufgabe aus

Leseverstehen, Aufgabe 3

Lesen Sie den Text und lösen Sie die Aufgaben.

Chronobiologie: Wenig Schlaf kann dick machen

Der Mensch braucht einen regelmäßigen Wechsel von Schlaf- und Wachzeiten. Dieser Rhythmus wird von einem biologischen Mechanismus, der so genannten „inneren Uhr" geregelt. Wenn man sich nicht an die innere Uhr hält, spürt man die körperlichen Folgen. So wird der Körper nach einer durchwachten Nacht extrem müde. Dennoch kann man oft kein Auge zu machen, denn von draußen dringen Geräusche des Tages herein und selbst bei heruntergelassenem Rollo schiebt sich die Sonne durch die Ritzen. Das Tageslicht fällt auf die Netzhaut der Augen und wird in Form von elektrischen Impulsen zur biologischen Uhr in einer besonderen Gehirnregion, dem Hypothalamus, geleitet. Anhand der Signale wird die Uhr im Hypothalamus ständig mit der Umwelt in Einklang gebracht. „Dieser Abgleich erfolgt innerhalb einiger Minuten bis maximal einer halben Stunde", erläutert Gregor Eichele. Der Chronobiologe vom Max-Planck-Institut für biophysikalische Chemie in Göttingen hat erst vor kurzem herausgefunden, weshalb die Uhr im Kopf mit minutiöser Genauigkeit tickt.

Zwei Eiweißstoffe in den Zellen des Hypothalamus reagieren äußerst empfindlich auf jede Lichtänderung. Bei Sonnenaufgang werden diese Eiweiße in den Zellen vermehrt, während sie in der Abenddämmerung zerstört werden. Die Zahl der beiden Eiweiße signalisiert den Zellen im Hypothalamus sehr exakt, wenn der Tag beginnt oder die Nacht hereinbricht. So genannte Uhrgene im Zellkern leiten dann die entscheidenden körperlichen Reaktionen ein. Zum Beispiel wird in den Abendstunden das Schlafhormon Melatonin gebildet, bis man müde wird und einschläft.

Neuerdings finden Chronobiologen jedoch auch mehr und mehr Hinweise, dass die innere Uhr sogar bestimmt, wie die Nahrung verwertet wird und wie groß der Appetit ist. Gerät die Uhr aus dem Takt, legen Mensch und Tier über die Maßen an Gewicht zu. Sie entwickeln Bluthochdruck und eine Stoffwechselstörung, die als Vorläufer einer Zuckerkrankheit gilt.

In einem Experiment wurde zum Beispiel in Mäusen das Uhrgen verändert. Dadurch verlängerte sich deren innerer Rhythmus von 23,5 Stunden auf 27 bis 28 Stunden.

Die Uhr läuft nicht mehr synchron zum natürlichen Tagesverlauf. „Das hat erhebliche Auswirkungen auf das Leben und den Gesundheitszustand der Tiere", berichtet Chronobiologin Katja Vanselow. Während Mäuse normalerweise nachtaktiv sind, waren die Versuchstiere auch am Tag munter. Sie rannten im Laufrad und fraßen gleichzeitig mehr. Folglich legten sie um mehrere Gramm zu und neigten sogar zur Fettsucht.

Mangelnder und unregelmäßiger Schlaf könnte erklären, weshalb auch manche Menschen selbst von kleinen Portionen im wörtlichen Sinn über Nacht zunehmen. Der amerikanische Wissenschaftler Robert Daniel Vorona entdeckte bei einer Befragung von 1000 Personen, dass dicke Menschen im Schnitt 16 Minuten weniger schlafen.

Dutzende Verdauungsenzyme und Botenstoffe werden im Takt der biologischen Uhr mehr bzw. weniger. Ihre Aktivität pendelt mit einer Periode von 24 Stunden. Gönnt man sich in der Nacht nicht ausreichend Bettruhe, so kippt dieses subtile Gleichgewicht. Bei Testpersonen, die nur vier Stunden jede Nacht schliefen, schütteten die Zellen weniger von dem Appetitzügler „Leptin" und weniger Insulin aus. Dafür wurde mehr von einem appetitanregenden Enzym freigesetzt. Die Schlaflosen fühlen sich ständig hungrig. Zugleich werden mehr Nährstoffe aus dem Essen als Reserve gebunkert. Dieses Chaos der Botenstoffe zeitigt auf lange Sicht gravierende Folgen: Schichtarbeiter sind nicht nur häufiger übergewichtig. Sie werden leichter zuckerkrank und bekommen Herz-Kreislauf-Erkrankungen.

„Die Befunde sind sehr ernst zu nehmen", betont Vanselow, „allerdings ist der kausale Zusammenhang zwischen der inneren Uhr und dem Stoffwechsel noch Gegenstand der Forschung." Nicht nur mangelnder Schlaf stellt die Verdauung auf den Kopf. Offenbar wirkt auch die Nahrungsaufnahme auf die innere Uhr zurück. Geregelte Mahlzeiten helfen dem Zeitgeber im Kopf, sich mit der Umwelt zu synchronisieren. Unregelmäßige Mahlzeiten bringen ihn durcheinander.

Mit diesen Erkenntnissen wird die Tradition fester Essens- und Schlafenszeiten unvermittelt auf ein wissenschaftliches Fundament gestellt.

Markieren Sie die richtige Antwort.

		Ja	Nein	Text sagt dazu nichts
(01)	Der Hypothalamus steuert die innere Uhr.		X	
(02)	Die Chronobiologie erforscht die zeitlichen Abläufe der Gehirn-funktionen.			X
21	Eine Veränderung im Licht verändert die Menge von zwei Eiweißen in den Zellen des Hypothalamus.			
22	Die Uhrgene erkennen, ob es Tag oder Nacht ist.			
23	Die innere Uhr hat einen Einfluss darauf, wie unsere Nahrung im Körper verarbeitet wird.			
24	Mäuse konnten im Experiment dicker gemacht werden.			
25	Wenn man am Tag nur wenig isst, nimmt man nachts nicht zu.			
26	Die innere Uhr regelt wichtige Körperstoffe.			
27	Schlafmangel verändert die Essgewohnheiten.			
28	Es gibt einen Zusammenhang zwischen Arbeitszeit und Gewicht bzw. Krankheit.			
29	Man weiß genau, wie sich Stoffwechsel und innere Uhr beeinflussen.			
30	Chronobiologen empfehlen, immer zu den gleichen Zeiten zu essen.			

Schritt für Schritt zur Lösung

So geht's

Den Text einmal ganz durchlesen
Wichtige Aussagen und Schlüsselwörter markieren

↳ Sie lesen den Text zuerst einmal ganz durch.

↳ Sie markieren dabei in jedem Abschnitt die wichtigen Aussagen und Schlüsselwörter.

↳ Sie notieren am Rand des Textes in ein oder zwei Wörtern, worum es in dem Abschnitt geht. Das hilft Ihnen, die Textstellen, auf die sich die Items thematisch beziehen, besser zu finden.

↳ Sie achten schon beim ersten Durchlesen auf so genannte Verweiswörter. Das sind Wörter, die den Text strukturieren. Sie helfen Ihnen, sich im Text zu orientieren und die Items zu bearbeiten.

Tipp: Notieren Sie am Rand in ein oder zwei Wörtern, worum es in dem Abschnitt geht.

Beispiel „Verweiswörter"

○ Lesetext 3, Auszug 1

> Anhand der Signale wird die Uhr im Hypothalamus ständig mit der Umwelt in Einklang gebracht. „Dieser Abgleich erfolgt innerhalb einiger Minuten bis maximal eine halbe Stunde", erläutert Gregor Eichele.

Das markierte Wort ist ein Verweiswort. Es verweist auf die Aussage des ersten Satzes: Die innere Uhr wird mit der Umwelt verglichen und entsprechend „gestellt". Der zweite Satz nennt den Zeitraum, in dem das passiert.

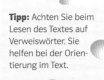

Tipp: Achten Sie beim Lesen des Textes auf Verweiswörter. Sie helfen bei der Orientierung im Text.

➲ Markieren Sie im Textauszug 2 die Verweiswörter und notieren Sie, auf welche Aussage sie jeweils verweisen.

○ Lesetext 3, Auszug 2

> Dutzende Verdauungsenzyme und Botenstoffe werden im Takt der biologischen Uhr mehr bzw. weniger. Ihre Aktivität pendelt mit einer Periode von 24 Stunden. Gönnt man sich in der Nacht nicht ausreichend Bettruhe, so kippt dieses subtile Gleichgewicht. Bei Testpersonen, die nur vier Stunden jede Nacht schliefen, schütteten die Zellen weniger von dem Appetitzügler „Leptin" und weniger Insulin aus. Dafür wurde mehr von einem appetitanregenden Enzym freigesetzt. Die Schlaflosen fühlen sich ständig hungrig. Zugleich werden mehr Nährstoffe aus dem Essen als Reserve gebunkert. Dieses Chaos der Botenstoffe zeitigt auf lange Sicht gravierende Folgen: Schichtarbeiter sind nicht nur häufiger übergewichtig. Sie werden leichter zuckerkrank und bekommen Herz-Kreislauf-Erkrankungen.

.... verweist auf ....

.... verweist auf ....

.... verweist auf ....

Items lesen
Schlüsselwörter markieren

2. Bearbeitungsschritt

Das müssen Sie über die Items in der Leseaufgabe 3 wissen:

• Die Items folgen dem Textverlauf.
• Zu jedem Abschnitt gehört mindestens 1 Item, d.h. es kann mehrere Items zu einem
  Textabschnitt geben,
• Das Beispiel-Item gehört zum ersten Abschnitt; dieser Abschnitt wird also nicht noch
  einmal abgefragt.

Wichtiger Hinweis

 Die große Schwierigkeit in diesem Prüfungsteil sind die so genannten „impliziten
Informationen". Das sind Informationen, die man zwar aus dem Text erfährt, die aber
nicht direkt bzw. wörtlich genannt werden. Wir werden das bei den einzelnen Items
noch näher besprechen.

 Lesen Sie nun die Items der Reihe nach durch. Markieren Sie in jedem Item jeweils
die Schlüsselwörter.

Schauen wir uns zunächst das Beispiel-Item (01) an.
So könnten Ihre Markierungen aussehen:

> **(01)** Der Hypothalamus steuert die innere Uhr.

Entsprechende Textstelle suchen

3. Bearbeitungsschritt

Die Schlüsselwörter sind „Hypothalamus" und „innere Uhr". Jetzt muss die Textstelle
gesucht werden, auf die sich das Item bezieht. Das Beispiel-Item (01) gehört in der
Regel zu Abschnitt 1 (s. Auszug 3).

Die Schlüsselwörter sind markiert. Die Textstelle, auf die sich das Item bezieht, muss
jedoch noch genauer eingegrenzt werden.

Schlüsselwörter

 Lesetext 3, Auszug 3

Der Mensch braucht einen regelmäßigen Wechsel von Schlaf- und Wachzeiten. Dieser Rhythmus wird von einem biologischen Mechanismus, der so genannten „inneren Uhr" geregelt. Wenn man sich nicht an die innere Uhr hält, spürt man die körperlichen Folgen. So wird der Körper nach einer durchwachten Nacht extrem müde. Dennoch kann man oft kein Auge zu machen, denn von draußen dringen Geräusche des Tages herein und selbst bei heruntergelassenem Rollo schiebt sich die Sonne durch die Ritzen. Das Tageslicht fällt auf die Netzhaut der Augen und wird in Form von elektrischen Impulsen zur biologischen Uhr in einer besonderen Gehirnregion, dem Hypothalamus, geleitet. Anhand der Signale wird die Uhr im Hypothalamus ständig mit der Umwelt in Einklang gebracht. „Dieser Abgleich erfolgt innerhalb einiger Minuten bis maximal einer halben Stunde", erläutert Gregor Eichele. Der Chronobiologe vom Max-Planck-Institut für biophysikalische Chemie in Göttingen hat erst vor kurzem herausgefunden, weshalb die Uhr im Kopf mit minutiöser Genauigkeit tickt.

anderes Wort für „innere Uhr"

Unterstrichen sind die Textstellen, die zu den Schlüsselwörtern „Hypothalamus" und „innere Uhr" gehören. Um die Textstelle einzugrenzen, muss man sich die ganze Umgebung des Wortes anschauen.

Dass es sich hier um die richtige Stelle handelt, erkennen Sie auch daran, dass das Schlüsselwort „innere Uhr" in veränderter Form als „biologische Uhr" wiederholt wird.

Wichtiger Hinweis

◌ Ein Schlüsselwort in einem Item hat manchmal im Text eine andere Entsprechung. Diese müssen Sie erkennen.

4. Bearbeitungsschritt

Item und Textstelle vergleichen
Implizite Informationen erkennen

Um implizite Informationen zu erkennen, muss man sich den Inhalt einer Textstelle in eigenen Worten klar machen. Dies kann z. B. durch Fragen an den Text geschehen.

Tipp: Machen Sie sich beim Lesen den Inhalt in eigenen Worten klar. Dies kann durch Fragen geschehen.

➲ Beantworten Sie die folgende Frage aus dem Textauszug 3.

Was ist der Hypothalamus?

Der Hypothalamus ist eine ...., in der sich

.... befindet.

➲ Lesen Sie jetzt noch einmal das Item (01). Es enthält eine bestimmte Information zu den Schlüsselwörtern.

(01) Der Hypothalamus steuert die innere Uhr.

Im Item tut der Hypothalamus etwas, er „steuert" die innere Uhr.
Wenn Sie die implizite Information im Text richtig verstanden haben, dann wissen Sie jetzt, dass Sie bei diesem Item „Nein" ankreuzen müssen. Denn der Hypothlamus ist der Ort, wo sich die „innere Uhr" befindet. Oder wissenschaftlicher gesagt: Die „innere Uhr" ist eine Funktion des Hypothalamus.

Wichtiger Hinweis

◌ „Nein" ist also dann anzukreuzen, wenn

- das Thema des Items im Text zwar behandelt wird,
- die Aussage des Items aber nicht der Aussage im Text entspricht.

Schauen wir uns nun Beispiel-Item (02) an.
Hier ist die richtige Antwort: Text sagt dazu nichts.

Das Problem ist: Es ist oft nicht klar zu erkennen, wann man „Nein" und wann man „Text sagt dazu nichts" ankreuzen soll. Deshalb muss die entsprechende Textstelle ganz genau analysiert und verstanden werden.

Wir beginnen mit dem zweiten Bearbeitungsschritt.

Item lesen
Schlüsselwörter markieren

2. Bearbeitungsschritt

❍ Lesen Sie das Beispiel-Item (02) und markieren Sie die Schlüsselwörter.

> **(02)** Die Chronobiologie erforscht die zeitlichen Abläufe der Gehirnfunktionen.

Entsprechende Textstelle suchen

3. Bearbeitungsschritt

❍ Suchen Sie eine Textstelle mit den Schlüsselwörtern.

Das Schlüsselwort „Chronobiologie" selbst kommt im Text nicht vor, man findet das Thema Chronobiologie jedoch im Text in einer anderen Form: Am Ende des ersten Abschnitts und am Beginn des dritten Abschnitts wird nämlich etwas über die Arbeit der Chronobiologen gesagt.

❍ Was wird über die Chronobiologie und die Arbeit der Chronobiologen gesagt? Notieren Sie.

Der Chronobiologe Gregor Eichele hat herausgefunden, ...

....

Chronobiologen finden Hinweise, dass ....

....

Item und Textstelle vergleichen
Implizite Informationen erkennen

4. Bearbeitungsschritt

❍ Lesen Sie das Beispiel-Item (02) noch einmal: Welches sind weitere wichtige Informationen?

> **(02)** Die Chronobiologie erforscht die zeitlichen Abläufe der Gehirnfunktionen.

❍ Vergleichen Sie das Item mit Ihren Notizen zur Arbeit der Chronobiologen.

↳ Über „zeitliche Abläufe" im Gehirn sagt der Text nichts. Das heißt, das Thema „Chronobiologie / zeitliche Abläufe im Gehirn" wird im Text nicht behandelt.

Wichtiger Hinweis

⚬ „Text sagt dazu nichts" ist also dann anzukreuzen, wenn

- das Thema des Items im Text zwar vorkommt,
- die im Item enthaltene Information über das Thema aber weder direkt noch indirekt (implizit) im Text erwähnt wird.

❍ Üben Sie jetzt die Bearbeitungsschritte 2 – 4 am Item (21).

Sie beginnen mit dem zweiten Bearbeitungsschritt.

Item lesen
Schlüsselwörter markieren

➡ Lesen Sie das Item (21) und markieren Sie die Schlüsselwörter.

> **21** Eine Veränderung im Licht verändert die Menge von zwei Eiweißen in den Zellen des Hypothalamus.

Entsprechende Textstelle suchen

Item (21) bezieht sich auf die folgende Textstelle.

○ Lesetext 3, Auszug 4

> Zwei Eiweißstoffe in den Zellen des Hypothalamus reagieren äußerst empfindlich auf jede Lichtänderung. Bei Sonnenaufgang werden diese Eiweiße in den Zellen vermehrt, während sie in der Abenddämmerung zerstört werden.

➡ Markieren Sie die Schlüsselwörter im Text, die dem Item (21) entsprechen. (Ein Schlüsselwort hat im Text eine andere Form.)

➡ Versuchen Sie, die Hauptaussage dieser beiden Sätze in eigenen Worten zu formulieren.

Item und Textstelle vergleichen
Implizite Informationen erkennen

Schlüsselwörter sind „Lichtänderung" (= Veränderung im Licht) und „zwei Eiweißstoffe".
Was wird weiter über sie gesagt?

➡ Markieren Sie, was über die Schlüsselwörter gesagt wird.

> **21** Eine Veränderung im Licht verändert die Menge von zwei Eiweißen in den Zellen des Hypothalamus.

Wenn Sie jetzt das Item (21) mit Ihrem Verständnis der Textstelle vergleichen, erkennen Sie, dass „Ja" die richtige Antwort ist.

Denn:
↳ Der Information „verändert die Menge" im Item entspricht sinngemäß im Text „werden diese Eiweiße (…) vermehrt, während sie in der Abenddämmerung zerstört werden."

➡ Wenden Sie die Bearbeitungsschritte 2 – 4 nun bei Item (22) an.

> **22** Die Uhrgene erkennen, ob es Tag oder Nacht ist.

Item lesen
Schlüsselwörter markieren

2. Bearbeitungsschritt

Entsprechende Textstelle suchen

3. Bearbeitungsschritt

Sie haben das Schlüsselwort „Uhrgene" im zweiten und im vierten Abschnitt gefunden. Doch nur im zweiten Abschnitt geht es um die Frage „Tag und Nacht", während im vierten Abschnitt von der Veränderung der Gene bei Mäusen die Rede ist.

↳ Die Textstelle, um die es geht, ist also im zweiten Abschnitt.

○ Lesetext 3, Auszug 5

> Die Zahl der beiden Eiweiße signalisiert … sehr exakt, wenn der Tag beginnt oder die Nacht hereinbricht. So genannte Uhrgene im Zellkern leiten dann die entscheidenden körperlichen Reaktionen ein. Zum Beispiel wird in den Abendstunden das Schlafhormon Melatonin gebildet, bis man müde wird und einschläft.

➜ Fragen Sie: Was machen die Uhrgene?

Die Uhrgene ....

Item und Textstelle vergleichen
Implizite Informationen erkennen

4. Bearbeitungsschritt

➜ Vergleichen Sie die Aussage des Items (22) mit Ihrem Textverständnis.

Item-Aussage	Text-Aussage

➜ Markieren Sie die Lösung.

↳ Lösung Item (22):

Ja	Nein	Text sagt dazu nichts

➜ Wenden Sie die Bearbeitungsschritte 2 – 4 nun bei Item (23) an.

> **23** Die innere Uhr hat einen Einfluss darauf, wie unsere Nahrung im Körper verarbeitet wird.

Item lesen
Schlüsselwörter markieren

2. Bearbeitungsschritt

Dieses Item ist länger und enthält mit „innere Uhr" ein Schlüsselwort, das zum ganzen Text passt. Um die genaue Textstelle zu finden, müssen Sie im Item markieren, was über die innere Uhr gesagt wird, also zum Beispiel:

> **23** Die innere Uhr hat einen <u>Einfluss darauf</u>, wie unsere Nahrung im Körper verarbeitet wird.

3. Bearbeitungsschritt

Entsprechende Textstelle suchen

➲ Nennen Sie die Textstelle (erstes und letztes Wort).

Das Item bezieht sich auf die Textstelle von .... bis
....

➲ Was wird in dieser Textstelle über die innere Uhr gesagt? Notieren Sie.

Die innere Uhr ....

4. Bearbeitungsschritt

Item und Textstelle vergleichen
Implizite Aussagen erkennen

➲ Vergleichen Sie die Aussage des Items (23) mit Ihrem Textverständnis.

Item-Aussage	Text-Aussage

➲ Markieren Sie die Lösung.

↳ Lösung Item (23):

Ja	Nein	Text sagt dazu nichts

➲ Bearbeiten Sie nun die Items (24) – (30).

➲ Übertragen Sie jetzt Ihre Lösungen auf das Antwortblatt.

	Ja	Nein	Text sagt dazu nichts
21	☐	☐	☐
22	☐	☐	☐
23	☐	☐	☐
24	☐	☐	☐
25	☐	☐	☐
26	☐	☐	☐
27	☐	☐	☐
28	☐	☐	☐
29	☐	☐	☐
30	☐	☐	☐

Übungen

Übung 1: Implizite Informationen erkennen

1. Lesen Sie den Text einmal durch.

Elektronische Prüfungen

Um viertel nach zwölf löste sich die Anspannung im Zentrum für Datenverarbeitung der Mainzer Johannes-Gutenberg-Universität: 50 Studentinnen und Studenten beendeten ihre letzte Prüfungsklausur für dieses Semester – und wussten gleich, dass sie alle bestanden hatten. Denn die Prüfung wurde am Computer abgelegt, der sofort nach Ende der Eingabe die Zahl der richtigen Antworten und die Prüfungsnote anzeigt.

Seit dem Wintersemester 2004/2005 setzt die Mainzer Universität ein Computerprogramm ein, um den Lernerfolg der Studierenden zu messen und zu bewerten. Inzwischen bieten fast alle Fachbereiche die elektronischen Klausuren an, die auch Bild und Ton einsetzen: Bei Sprachprüfungen beispielsweise werden Fragen zu Hörtexten gestellt, die über Kopfhörer eingespielt werden. Das Programm wertet bis auf die Freitextaufgaben, die nach wie vor vom Dozenten gelesen und bewertet werden müssen, alle Prüfungsmasken selbsttätig und sofort aus.

Das Programm wurde ausgiebig getestet, bevor es für diesen Zweck eingesetzt wurde. Eingaben werden für kurze Zeit aufgehoben, so dass man anhand der Eingaben gegebenenfalls Fehler nachvollziehen kann. Dass der E-Klausur die Zukunft gehört, ist eine unverrückbare Tatsache. Denn angesichts der Umstellung auf Bachelor- und Masterstudiengänge wird es viel mehr schriftliche Prüfungen geben als bisher.

2a. Beantworten Sie folgende Frage.

Wo wird das Computerprogramm für Prüfungen eingesetzt?

....

Dies ist eine sogenannte explizite Information, d.h.: Sie finden sie direkt im Text.

2b. Markieren Sie die entsprechenden Textstellen.

3. Ist die folgende Aussage zum Text richtig? Kreuzen Sie an.

Studenten müssen in Mainz lange auf ihr Klausurergebnis warten.   Ja ☐   Nein ☐

Die passende Information steht so nicht im Text. Man muss sie aus dem Text erschließen. Es ist also eine implizite Information.

Die entsprechende Textstelle lautet:

> Denn die Prüfung wurde am Computer abgelegt, der sofort nach Ende der Eingabe die Zahl der richtigen Antworten und die Prüfungsnote anzeigt.

↳ Die markierte Aussage bedeutet, dass die Studierenden nicht lange warten mussten.

↳ Lösung 3: Die richtige Antwort ist „nein".

↳ Lösung 2a: An fast allen Fachbereichen der Mainzer Universität.

4. Entsprechen die folgenden Aussagen den Aussagen im Text? Kreuzen Sie an.

Entspricht dem Text: Ja   Nein
a. Die Dozenten werden bei den Mainzer Prüfungen nicht mehr gebraucht. ☐ ☐
b. Das Computersystem macht Fehler.   ☐ ☐
c. Auch in Zukunft wird es Klausuren auf Papier geben.   ☐ ☐

Übung 2: Zusätzliche Übungsaufgabe zum Leseverstehen 3

Lesen Sie den Text und lösen Sie die Aufgaben.

Medizin aus dem Frosch

Wenn Tiere aussterben, gehen oft wertvolle Heilmittel verloren, die in den Lebewesen zu finden wären. In dem neuen Buch „Sustaining Life" zweier Harvard-Forscher fassen mehr als 100 Wissenschaftler zusammen, welche Rolle Tiere und Pflanzen für die Gesundheit der Menschheit spielen. Dabei machen sie deutlich, dass sich der Verlust einer unscheinbaren Art fatal auswirken kann, und wie die Menschen mit der Natur verknüpft sind.

So gehen die Forscher davon aus, dass Artenvielfalt eine außerordentlich wichtige Rolle für die menschliche Gesundheit spielt. „Derzeit herrscht die Ansicht vor, dass die menschliche Gesundheit großteils eine innere Angelegenheit unserer Art ist", schreibt beispielsweise der Zoologe Edward O. Wilson. „Doch die Menschheit ist im Netzwerk des Lebens entstanden und bleibt auch darin verstrickt." Die Erforschung der Auswirkungen der Artenvielfalt auf neue Medikamente werde zumeist ignoriert, schreibt Wilson.

Offenbar sind es gerade die Amphibien, also unter anderem Frösche, Salamander und Molche, die den größten Schatz an potentiellen Wirkstoffen in sich tragen. Weil sie Wasser und Sauerstoff durch ihre Haut aufnehmen, müssen sie sich besonders wirkungsvoll vor Krankheitserregern schützen. Ihr Abwehrsystem ist hoch entwickelt. Es erzeugt zahlreiche, heute noch unbekannte Substanzen, die bei der Bekämpfung menschlicher Erkrankungen helfen könnten. Gleichzeitig ist diese Tierklasse aber am stärksten gefährdet. Beinahe ein Drittel aller bekannten Amphibien ist vom Aussterben bedroht, 122 sind bereits ausgestorben. Mit jeder Art, die verschwindet, gehen möglicherweise lebensrettende Medikamente für immer verloren.

Das Sterben der Amphibien ist laut der Forscher direkt auf die Aktivität des Menschen zurückzuführen. Die meisten Arten haben sich an einen sehr speziellen Lebensraum angepasst. Wenn sich die Bedingungen darin so stark verändern, dass sich die Tiere nicht mehr anpassen können, bricht ihr Immunsystem zusammen. Dann sterben sie an sonst harmlosen Infekten. Und die Lebensräume der Amphibien ändern sich derzeit drastisch: Fremde Fische werden eingeführt und fressen die Kaulquappen; durch den Klimawandel regnet es vielerorts seltener und in den Tümpeln steht weniger Wasser. Durch die geringere Wassertiefe wird weniger ultraviolette Strahlung von der Sonne gefiltert, was die Eier schädigt; und schließlich werden die Froschbestände schlicht aus kulinarischen Gründen ausgebeutet, denn jährlich werden zehn Millionen Frösche gegessen.

Dabei spielen Amphibien gerade bei der Suche nach Antibiotika eine wichtige Rolle. Immer mehr Krankheitserreger werden gegen bekannte Medikamente immun. Bis zu 1500 Menschen sterben jährlich in Deutschland an einer Infektion mit dem Bakterium Staphylococcus aureus, das gegen wichtige Antibiotika resistent ist. Im Verdauungstrakt des Krallenfroschs wurde aber eine antibakteriell wirkende Substanz gefunden, die diese Bakterien zerstören kann. Gegen menschliche Zellen wirkt sie nur, wenn es sich um Krebszellen handelt. Zurzeit wird dieser Wirkstoff in klinischen Studien geprüft und könnte bald auf den Markt kommen. Bei der Behandlung von offenen Beinen bei Zuckerkrankheit war der Stoff bereits erfolgreich.

Ein anderes Medikament, das eine bestimmte Droge enthält und fast tausendmal so wirkungsvoll ist wie Morphium, ist bereits auf dem Markt. Es lindert bei den Patienten starke chronische Schmerzen. Der Wirkstoff wurde im Gift einer bestimmten Schnecke entdeckt. 70 Prozent dieser Schnecken leben in Korallenriffen, einem Lebensraum, der durch den Klimawandel stark bedroht ist.

Doch auch bei Säugetieren sind Wissenschaftler auf mögliche neue Medikamente gestoßen. Unter anderem gibt es einen Wirkstoff, der in der Galle von Bären entdeckt wurde. Er kann Verdauungsbeschwerden lindern und hilft Kranken, die auf eine Leber-Transplantation warten, zu überleben. Die Erforschung weiterer Wirkstoffe wird jedoch erschwert, da viele Bärenarten bedroht sind, darunter auch der Schwarzbär. Er ist für die Medizin von großem Wert, weil eine Substanz in seinem Körper während des Winterschlafs verhindert, dass Knochenmasse abgebaut wird. Menschen, die fünf Monate im Bett liegen müssen, verlieren bis zu einem Drittel ihrer Knochenmasse. Hier könnte dieser Wirkstoff in Form eines Medikaments helfen.

Diese Beispiele zeigen, warum die Wissenschaftler dazu auffordern, die Artenvielfalt auch zum Wohlergehen der Menschheit stärker zu schützen.

Markieren Sie die richtige Antwort.

		Ja	Nein	Text sagt dazu nichts
(01)	Das Artensterben hat negative Auswirkungen auf die Menschheit zur Folge.	X		
(02)	Früher waren die Menschen gesünder, weil es mehr Tierarten gab.			X
21	Es ist heute allgemein bekannt, dass Artenvielfalt sich auf die Entwicklung neuer Medikamente auswirkt.			
22	Unter allen Tierarten haben Amphibien das beste Abwehrsystem.			
23	Die Wirkstoffe dieses Abwehrsystems sind weitestgehend erforscht.			
24	Amphibien gehören zu den Tierarten, die am häufigsten aussterben.			
25	Die Menschen sind für das Aussterben der Amphibien verantwortlich.			
26	Amphibien brauchen einen Lebensraum, in dem immer dieselben Bedingungen herrschen.			
27	Wenn sich die Tiere an andere Bedingungen anpassen, funktioniert ihr Immunsystem nicht mehr.			

		Ja	Nein	Text sagt dazu nichts
28	Der Krallenfrosch ernährt sich von Bakterien.			
29	Aus dem Gift einer Schneckenart kann man schmerzlindernde Medikamente herstellen.			
30	Man will in Zukunft die Bären besser schützen.			

➜ Übertragen Sie jetzt Ihre Lösungen auf das Antwortblatt.

	Ja	Nein	Text sagt dazu nichts
21	☐	☐	☐
22	☐	☐	☐
23	☐	☐	☐
24	☐	☐	☐
25	☐	☐	☐
26	☐	☐	☐
27	☐	☐	☐
28	☐	☐	☐
29	☐	☐	☐
30	☐	☐	☐

Hörverstehen

Aufbau und Aufgabenstellung

„Hörverstehen" ist der zweite Prüfungsteil des TestDaF.

Der Prüfungsteil besteht aus drei Hörtexten, die aus dem Hochschulbereich stammen bzw. wissenschaftliche oder hochschulrelevante Themen haben.

Zu Beginn der Prüfung erhalten Sie ein Aufgabenheft und ein Antwortblatt. Das Aufgabenheft enthält die Anweisungen, die Fragen oder Aussagen (Items) zu den Hörtexten sowie Platz für Notizen. Ein besonderes Blatt zum Mitschreiben gibt es nicht.

Der Prüfungsteil dauert insgesamt 40 Minuten. Davon sind 10 Minuten dafür vorgesehen, die Antworten vom Aufgabenheft auf das Antwortblatt zu übertragen.

Die Hörtexte und die Anweisungen kommen von einer Kassette oder CD, die Sie durch Lautsprecher oder Kopfhörer hören. Die Anweisungen können Sie zusätzlich im Aufgabenheft mitlesen.

Die Pausen zum Lesen der Items, zum Überprüfen der Antworten und zum Übertragen der Antworten auf das Antwortblatt werden von der Kassette bzw. CD vorgegeben. Wann eine Pause zu Ende ist, erkennen Sie an einem Signalton.

Übersicht über den Prüfungsteil Hörverstehen:

	Items	Textart	Wie oft wird gehört?	Aufgabentyp	Dauer	Punkte
Hörtext 1	8 Fragen	Dialog zu einer alltäglichen Situation	einmal	kurze Antworten	2–3 Min.	8
Hörtext 2	10 Aussagen	Interview oder Gesprächsrunde	einmal	Richtig / Falsch ankreuzen	ca. 4 Min.	10
Hörtext 3	7 Fragen	Vortrag oder Interview	zweimal	in Stichworten antworten	ca. 5 Min.	7
Übertragen der Lösungen auf das Aufgabenblatt					10 Min.	= 25 Punkte

Wichtiger Hinweis
Die drei Hörtexte haben unterschiedliche Schwierigkeitsgrade. Sie müssen alle drei Hörtexte bearbeiten, denn die Niveaustufe dieses Prüfungsteils ergibt sich aus der Gesamtpunktzahl der drei Aufgaben.

Hörverstehen, Aufgabe 1

Beschreibung dieses Prüfungsteils

Welche Informationen erhalten Sie?

Zunächst wird im Aufgabenheft die Situation eines Gesprächs mit zwei Gesprächsteilnehmern erklärt. Es sind immer zwei Gesprächsteilnehmer: entweder zwei Studierende oder ein Studierender und ein Hochschulangehöriger.

Zu diesem Gespräch gibt es 8 Fragen (Items). Es handelt sich um W-Fragen, d.h. die Fragen beginnen mit einem Fragewort, z.B.: Wie …, Warum…, …

Wie oft hören Sie das Gespräch?

Sie hören das Gespräch einmal. Ein Anleitungstext erklärt, wie Sie vorgehen sollen.

> Sie sind in der Mensa und hören ein Gespräch zwischen …
> Sie hören dieses Gespräch **einmal**.
> Lesen Sie jetzt die Aufgaben 1–8.
> Hören Sie nun den Text. Schreiben Sie beim Hören die Antworten auf die Fragen 1–8.
> Notieren Sie Stichwörter.

Was wird von Ihnen erwartet?

Bei diesem Prüfungsteil sollen Sie zeigen, …
- dass Sie einfachen Gesprächssituationen im Hochschulbereich folgen
- und den Aussagen der Personen wichtige, klar voneinander abgegrenzte Informationen entnehmen können.

Aufgabentyp

Es handelt sich um eine halboffene Aufgabe: Sie sollen zu 8 Fragen kurze Antworten in Stichworten geben.

Dauer

Das Gespräch dauert ca. 2–3 Minuten und umfasst 350 – 400 Wörter.

Wie wird diese Aufgabe bewertet?

Für jedes richtig gelöste Item bekommen Sie einen Punkt, also maximal 8 Punkte. Rechtschreib- und Grammatikfehler werden nicht bewertet. Allerdings müssen die Antworten verständlich und lesbar sein.

Wichtiger Hinweis

⚙ Der Schwierigkeitsgrad von Hörtext 1 entspricht der TestDaF-Niveaustufe 3 (TDN 3).

Hörverstehen, Aufgabe 1

So sieht die Prüfungsaufgabe aus

Hörverstehen, Aufgabe 1

Sie sind in der Mensa und hören ein Gespräch zwischen zwei Studierenden.
Sie hören dieses Gespräch **einmal**.
Lesen Sie jetzt die Aufgaben 1–8.

Hören Sie nun den Text.
Schreiben Sie beim Hören die Antworten auf die Fragen 1–8. Notieren Sie Stichwörter.

Der Arbeitsurlaub

(0)	Warum ist Joachim noch nicht im Urlaub?	(0) *Er muss zwei Klausuren schreiben.*
1	Wo hat Martin seinen letzten Urlaub verbracht?	1 ....
2	Warum wird Martin freiwilliger Helfer bei einem Projekt?	2 ....
3	Wie hilft Martin?	3 ....
4	Welche Voraussetzung braucht man für Martins Projekt?	4 ....
5	Wie hat Martin von dieser Urlaubsmöglichkeit erfahren?	5 ....
6	Was bekommt Martin für die Arbeit?	6 ....
7	Was passiert, wenn keine Gebühr bezahlt werden muss?	7 ....
8	Wo kann man freiwillig helfen?	8 ....

Schritt für Schritt zur Lösung

Tipp: Aktivieren Sie beim Lesen der Überschrift Ihren Wortschatz zum Thema.

So geht's

Vor dem Hören

↳ Sie hören den Einleitungstext und die Aufforderung, die Aufgaben zu lesen. Dabei gibt Ihnen der Titel des Hörtextes erste Hinweise auf den Inhalt.

Überschrift lesen
Hypothesen über den Inhalt bilden

1. Bearbeitungsschritt

➔ Was fällt Ihnen spontan zu diesem Thema ein? Notieren Sie.

Beim Thema „Arbeitsurlaub" denke ich an ....

Fragen lesen
Schlüsselwörter unterstreichen

2. Bearbeitungsschritt

↳ Sie lesen alle Fragen.

↳ Beim Lesen markieren Sie die Wörter, die Ihnen helfen sollen, beim Hören die benötigten Informationen herauszuhören (Schlüsselwörter).

In der Prüfung haben Sie dafür 45 Sekunden Zeit. Ein Tonsignal von der Kassette oder CD zeigt Ihnen, wann diese Zeit zu Ende ist.

Schauen wir uns jetzt das Beispiel-Item (0) an.

➔ Markieren Sie die Schlüsselwörter, die Ihnen helfen, beim Hören die benötigten Informationen herauszuhören.

> (0)   Warum ist Joachim noch nicht im Urlaub?

Neben dem Fragewort „Warum…?" sind hier das Schlüsselwort „Urlaub" sowie die Verneinung „noch nicht" wichtig.

➔ Vergleichen Sie jetzt mit dem Auszug 1 aus dem Hörtext: Welche Wörter geben Ihnen die richtige Antwort auf die Frage? Markieren Sie.

◉ Hörtext 1, Auszug 1

Martin: *Hallo Jo, ich denke, du bist schon im Urlaub. Hast du keine Lust wegzufahren?*
Joachim: *Doch, natürlich. Ich bin noch hier, weil ich noch zwei Klausuren schreiben muss. Du bist ja auch noch nicht weg.*

Sie könnten auch versuchen, schon vor dem Hören Vermutungen über die möglichen Antworten anzustellen. Sie können sich also fragen: Warum ist ein Student „noch nicht im Urlaub"?
Aber Vorsicht: Als richtige Antwort gilt nur das, was im Text tatsächlich gesagt wird.

⊙ Lesen Sie nun die Idems (1) – (8) und markieren Sie die Schlüsselwörter.

Während des Hörens

3. Bearbeitungsschritt

Notizen machen

↳ Die Fragen folgen dem Verlauf des Textes. Das hilft Ihnen, die gehörten Informationen den Fragen zuzuordnen.

↳ Während Sie das Gespräch hören, sollten Sie auf dem Prüfungsblatt bei den einzelnen Fragen Notizen machen. Ein besonderes Notizblatt gibt es nicht.

Wie und was soll man aufschreiben?
Die Informationen, die Sie beim Hörverstehen 1 heraushören müssen, sind nur kurz. Als Antwort werden nur Stichwörter erwartet, Sie müssen keine vollständigen Sätze schreiben.

Hier sehen Sie drei Vorschläge, wie Ihre Notizen zum Beispiel-Item (0) aussehen könnten.

⊙ Kreuzen Sie an, welche Form Sie am sinnvollsten finden, und überlegen Sie, warum.

a. ☐ zwei Kl schreib
b. ☐ Joachim muss noch zwei Klausuren schreiben
c. ☐ 2 Klausuren

Sie erkennen:

Bei Variante 1 besteht die Gefahr, dass Sie später vielleicht nicht mehr wissen, was mit *Kl* gemeint ist. Und dass man Klausuren „schreibt", ist logisch und muss nicht extra notiert werden.

Bei Variante 2 ist ein ganzer Satz ausformuliert. Da in der Prüfung aber nur Stichwörter erwartet werden, sollten Sie auch bei Ihren Notizen keine ganzen Sätze schreiben. Das kostet zu viel Zeit.

↳ Variante 3 ist also die zeitökonomisch sinnvollste Lösung.

Tipp: Schreiben Sie die gehörten Informationen so kurz wie möglich auf.

Wichtiger Hinweis

⊙ Beim Notizenmachen sollten Sie also

– keine Sätze ausformulieren,
– bei Wörtern, die häufiger vorkommen oder bekannt sind, Abkürzungen verwenden.

4. Bearbeitungsschritt

Ihre Notizen überprüfen

Nachdem Sie den Hörtext einmal gehört haben, bekommen Sie noch etwa 25 Sekunden Zeit, um Ihre Antworten zu überprüfen. Jetzt können Sie Ihre Notizen aus dem Gedächtnis ergänzen oder Abkürzungen ausschreiben.

Wichtiger Hinweis

⚬ Achten Sie darauf, dass Sie Ihre Notizen auch später noch gut lesen können. Denn erst nachdem alle drei Hörtexte bearbeitet sind, erhalten Sie 10 Minuten Zeit, um die Antworten auf den Antwortbogen zu übertragen. Nur dieser Antwortbogen zählt bei der Bewertung.

CD 1, 1 🎧 ➔ Hören Sie jetzt Hörtext 1 und machen Sie sich Notizen zu den Fragen auf dem Prüfungsblatt (S. 46).

➔ Überprüfen Sie Ihre Notizen.

➔ Schreiben Sie nun Ihre Lösungen auf das Antwortblatt.

1	
2	
3	
4	
5	
6	
7	
8	

Übungen

Übung 1: kurze Notizen machen

CD 1, 2 🎧 ➔ Hören Sie jetzt ein kurzes Gespräch zwischen zwei Studierenden, in dem es um Akupunktur geht.

➔ Beantworten Sie die Fragen. Machen Sie kurze Notizen.

1. Welches Problem hat Mona? ....

2. Wie viele Behandlungen hatte Mona? ....

3. Wie hat Mona von der Akupunktur erfahren? ....

4. Warum wird man laut chinesischer Medizin krank? ....

5. Wie wirken die Nadeln bei der Akupunktur? ....

6. Wo wird Mona mit den Nadeln gestochen? ....

7. Was machen Mona und Tom im nächsten Frühling? ....

Übung 2: Zusätzliche Übungsaufgabe zum Hörverstehen 1

CD 1, 3 🎧 Sie sind in der Cafeteria Ihrer Hochschule und hören ein Gespräch zwischen zwei Studierenden.
Sie hören dieses Gespräch **einmal**.
Lesen Sie jetzt die Aufgaben 1–8.

Hören Sie nun den Text. Schreiben Sie beim Hören die Antworten auf die Fragen 1–8. Notieren Sie Stichwörter.

Das Praktikum

(0)	Was hat Julia mit der Post bekommen?	(0) Zusage für ein Praktikum
1	Wie lange muss Julias Praktikum dauern?	1 ....
2	Warum trinkt Julia keinen Kaffee?	2 ....
3	Wann hat Julia sich die Klinik angesehen?	3 ....
4	Was mussten die Patienten machen lassen?	4 ....
5	Was muss Julia im Fitnessraum machen? Nennen Sie zwei Tätigkeiten.	5 ....
6	Warum hat Julia keine Angst, etwas falsch zu machen?	6 ....
7	Wo möchte Julia auch gerne arbeiten?	7 ....
8	Wohin geht Julia am nächsten Sonntag?	8 ....

➔ Schreiben Sie nun Ihre Lösungen auf das Antwortblatt.

1	
2	
3	
4	
5	
6	
7	
8	

Hörverstehen, Aufgabe 2

Beschreibung dieses Prüfungsteils

Welche Informationen erhalten Sie?

Zunächst wird im Aufgabenheft die Situation eines Interviews oder einer Gesprächsrunde mit drei oder vier Teilnehmern erklärt. Dabei geht es um Themen, die sich entweder auf das Studium beziehen oder allgemeinwissenschaftlich sind.

Zu diesem Interview / dieser Gesprächsrunde gibt es 10 Aussagen (Items).

Wie oft hören Sie das Gespräch?

Sie hören das Gespräch einmal. Ein Anleitungstext erklärt, wie Sie vorgehen sollen.

> Sie hören ein Interview mit … Gesprächspartnern über …
> Sie hören dieses Gespräch **einmal**.
> Lesen Sie jetzt die Aufgaben 9 – 18.
> Hören Sie nun den Text.
> Entscheiden Sie beim Hören, welche Aussagen richtig oder falsch sind.
> Markieren Sie die passende Antwort.

Was wird von Ihnen erwartet?

Bei diesem Prüfungsteil sollen Sie zeigen, …
- dass Sie beim Hören wichtige Informationen erfassen und mit vorgegebenen Aussagen vergleichen können.

Sie müssen entscheiden, …
- ob die Aussagen (Items) der Aufgabe mit den Aussagen der Personen im Hörtext übereinstimmen oder nicht.

Aufgabentyp

Es handelt sich um eine geschlossene Aufgabe: Sie sollen zu 10 Aussagen „Richtig" oder „Falsch" ankreuzen.

Dauer

Das Interview / Die Gesprächsrunde dauert ca. 4 Minuten und umfasst 550 – 580 Wörter.

Wie wird diese Aufgabe bewertet?

Für jedes richtig gelöste Item bekommen Sie einen Punkt, also maximal 10 Punkte.

Wichtiger Hinweis

⬭ Der Schwierigkeitsgrad von Hörtext 2 entspricht der TestDaF-Niveaustufe 4 (TDN 4).

So sieht die Prüfungsaufgabe aus

Hörverstehen, Aufgabe 2

Sie hören ein Interview mit drei Gesprächspartnern über die Erforschung von Computerspielen.
Sie hören dieses Gespräch **einmal**.
Lesen Sie jetzt die Aufgaben 9 – 18.

Hören Sie nun den Text.
Entscheiden Sie beim Hören, welche Aussagen richtig oder falsch sind.
Markieren Sie die passende Antwort.

Computerspiele an der Hochschule

		Richtig	Falsch	
(0)	In Deutschland kann man das Fach „Computerspiele" studieren.	X		
9	Professor Kaminski erforscht, warum man Computerspiele spielt.			9
10	„Spielraum" ist ein Institut der Spielehersteller.			10
11	Bei „Spielraum" sollen Eltern verstehen lernen, welche Spiele die Kinder gerne spielen.			11
12	Computerspielwissenschaft wird überall gleich unterrichtet.			12
13	Informatik und Gesellschaftswissenschaften sind Teil der Computerspielwissenschaft.			13
14	Absolventen von Professor Masuch können später im Beruf als spezielle Lehrer arbeiten.			14
15	An der Fachhochschule Trier lernt man auch, wie Computerspiele gemacht werden.			15
16	Professor Kaminski glaubt, dass die Meinung der Wissenschaftler für die Firmen wichtig ist.			16
17	Die Erforschung von Computerspielen ist unter Wissenschaftlern nicht anerkannt.			17
18	Eltern fragen oft nach dem Inhalt des Studiums.			18

Schritt für Schritt zur Lösung

So geht's

Vor dem Hören

Überschrift lesen
Hypothesen über den Inhalt bilden

1. Bearbeitungsschritt

↳ Auch bei dieser Aufgabe gibt Ihnen der Titel des Hörtextes erste Hinweise auf den Inhalt.

Woran denken Sie bei der Kombination „Computerspiele" und „Hochschule"?
➲ Kreuzen Sie an: Worüber wird Ihrer Meinung nach im Text gesprochen?

Tipp: Aktivieren Sie beim Lesen der Überschrift Ihren Wortschatz zum Thema.

Studenten spielen lieber am Computer, anstatt zu lernen.	☐
Computerspiele helfen beim Lernen.	☐
Computerspiele werden erforscht.	☐

➲ Notieren Sie in Stichworten Ihre eigenen Gedanken dazu.

Die Aussagen lesen
Schlüsselwörter unterstreichen

2. Bearbeitungsschritt

↳ Sie lesen alle Aussagen.

↳ Beim Lesen markieren Sie die Schlüsselwörter.

In der Prüfung haben Sie dafür 1 Minute und 25 Sekunden Zeit. Ein Tonsignal von der Kassette oder CD zeigt Ihnen, wann diese Zeit zu Ende ist.

Sie wissen:
Schlüsselwörter tragen die Hauptbedeutung und die Aussage des Items. In ihnen ist die Lösung des Items enthalten. Jedes Wort kann dabei von Bedeutung sein.

Schauen wir uns das Beispiel-Item (0) an.

➲ Warum sind die markierten Wörter die Schlüsselwörter?
Suchen Sie nach Erklärungen. Überlegen Sie, ob der Text auch andere Informationen geben könnte.

(0)   In Deutschland kann man das Fach „Computerspiele" studieren.

„Computerspiele" ist hier kein Schlüsselwort, denn „Computerspiele" sind Thema des gesamten Textes.

Hörverstehen, Aufgabe 2

CD 1, 4 🎧 ➲ Hören Sie jetzt den ersten Abschnitt des Interviews. Notieren Sie in Stichworten die Aussage, die zum Beispiel-Item (0) passt.

....

....

➲ Lesen Sie nun Item (9) und markieren Sie die Schlüsselwörter.

> **9** Professor Kaminski erforscht, warum man Computerspiele spielt.

CD 1, 5 🎧 ➲ Hören Sie jetzt den zweiten Abschnitt des Interviews.

➲ Was sagt Professor Kaminski? Ergänzen Sie seine Aussage in Stichworten.

Die Wissenschaftler spielen ....

Sie wollen herausfinden

– welche ....
– unter welchen .... jemand ein Computerspiel spielt.
– welche möglichen .... ein Spiel .... haben kann.

➲ Ist die Aussage (9) „richtig" oder „falsch"? Kreuzen Sie an.

↳ Die Aussage ist …

☐ richtig.
☐ falsch.

↳ Die Aussage im Item (9) ist falsch. Aber warum?

➲ Lesen Sie den folgenden Auszug aus dem Hörtext. Es ist die Antwort von Professor Kaminski auf die Frage, was er in seinem Institut macht.

○ Hörtext 4, Auszug 2

Also, wir spielen an unserem Institut alle Arten von Computerspielen. Wir wollen dabei herausfinden, welche Inhalte die Spiele haben. Wichtig ist natürlich auch, unter welchen Bedingungen jemand ein Computerspiel spielt und welche möglichen Auswirkungen ein Spiel auf den Spieler haben kann.

Sagt Professor Kaminski, dass er erforscht, <u>warum</u> man Computerspiele spielt?
Nein, denn er sagt:

Wichtig ist natürlich auch, unter welchen Bedingungen jemand ein Computerspiel spielt …

➲ Was verstehen Sie unter „Bedingungen"? Kreuzen Sie an.

Unter „Bedingungen" verstehe ich …
a. ☐ warum man etwas macht.
b. ☐ die Art und Weise, wie man etwas macht.
c. ☐ Zeit, Ort, Raum und andere Personen.
d. ☐ gesetzliche Regelungen.
e. ☐ technische Möglichkeiten.

Tipp: Schreiben Sie Synonyme oder Stichwörter zur Wortbedeutung neben die Items, bei Item (9) z. B. „Grund".

↳ „Bedingungen" und „Grund" sind nicht dasselbe. Daher ist die Aussage in Item (9) falsch.

▶ Lesen Sie nun Item (10) und markieren Sie die Schlüsselwörter.

10 „Spielraum" ist ein Institut der Spielehersteller.

CD 1, 6 ▶ Hören Sie jetzt den dritten Abschnitt des Interviews.

▶ Ist die Aussage im Item (10) „richtig" oder „falsch"? Kreuzen Sie an.

↳ Die Aussage ist …

☐ richtig.
☐ falsch.

▶ Lesen Sie den folgenden Auszug aus dem Hörtext. Er enthält die Antwort von Professor Kaminski auf die Frage zum Projekt „Spielraum".

⊙ Hörtext 4, Auszug 3

Bei Spielraum machen Wissenschaftler und Pädagogen mit, aber auch Vertreter der Spielehersteller, die das Projekt finanziell unterstützen. Aber es ist jetzt ein eigenes Institut an der Fachhochschule Köln.

▶ Was sagt Professor Kaminski über die Spielehersteller? Notieren Sie die wichtige Information in eigenen Worten.

Die Spielehersteller ....

Wem gehört das Institut? ....

Tipp: Überlegen Sie beim Lesen der Items immer, wie die Verneinung oder das Gegenteil der Aussage lauten könnte.

↳ Wenn Sie den Text richtig verstanden haben, wissen Sie, dass der Text das Gegenteil von dem sagt, was in der Aussage (10) steht: „Spielraum" ist kein Institut der Spielehersteller, sondern gehört zur Fachhochschule Köln.

▶ Lesen Sie nun die Items (11) – (18) und markieren Sie die Schlüsselwörter.

Das Interview hören

3. Bearbeitungsschritt

CD 1, 7 ▶ Hören Sie jetzt das ganze Interview.

Während Sie das Interview hören, müssen Sie entscheiden, ob die Aussagen in den Items richtig oder falsch sind. Zeit für Notizen haben Sie nicht. Im Aufgabenheft ist auch kein Platz für Notizen vorgesehen. Konzentrieren Sie sich daher auf die Markierungen und Anmerkungen, die Sie vor dem Hören bei den einzelnen Items gemacht haben.

Hörverstehen, Aufgabe 2

4. Bearbeitungsschritt

Lösungen überprüfen

Nachdem Sie den Hörtext einmal gehört haben, bekommen Sie etwas Zeit, um Ihre Lösungen zu überprüfen.

➔ Markieren Sie nun Ihre Lösungen auf dem Antwortblatt.

	Richtig	Falsch
9	☐	☐
10	☐	☐
11	☐	☐
12	☐	☐
13	☐	☐
14	☐	☐
15	☐	☐
16	☐	☐
17	☐	☐
18	☐	☐

Übungen

Übung 1: Negation und Gegenteil erkennen

Sie hören ein kurzes Interview mit Frau Dr. Menzel-Hartmann zum Thema „Versorgung mit Trinkwasser".

CD 1, 8 ➔ Hören Sie das Interview ein erstes Mal.

➔ Antwortet Frau Dr. Menzel-Hartmann auf die Fragen des Journalisten mit „Ja" oder „Nein"? Kreuzen Sie an.

	Ja	Nein
1. Werden wir in Zukunft genug Trinkwasser auf der Erde haben?		
2. Gibt es genug Grundwasser?		
3. Wird es in den nächsten Jahrzehnten genug Grundwasser geben?		
4. Gibt es eine Möglichkeit, das Problem der Trinkwasserversorgung bald zu lösen?		

CD 1, 8 ➜ Hören Sie das Interview ein zweites Mal.

➜ Notieren Sie die Textstellen, an denen Sie erkannt haben, ob Frau Dr. Menzel-Hartmann die Frage des Journalisten mit „Ja" oder „Nein" beantwortet hat.

Frage	Textstelle	bedeutet
1		Ja / Nein
2		Ja / Nein
3		Ja / Nein
4		Ja / Nein

Übung 2: Zusätzliche Übungsaufgabe zum Hörverstehen 2

CD 1, 9 Sie hören ein Interview mit zwei Gesprächsteilnehmern über das deutsche Hochschul-Ranking.
Sie hören dieses Interview **einmal**.
Lesen Sie jetzt die Aufgaben 9–18.

Hören Sie nun den Text.
Entscheiden Sie beim Hören, welche Aussagen richtig oder falsch sind.
Markieren Sie die passende Antwort.

Bildungsmonitor veröffentlicht

		Richtig	Falsch	
(0)	Der „Bildungsmonitor" ist ein Hochschul-Ranking der deutschen Hochschulen.	X		
9	Das Ranking stellt sehr genau die Bildungssituation in den Bundesländern dar.			9
10	Das Ranking spiegelt sowohl die Wettbewerbssituation als auch die Entwicklung einzelner Bundesländer wider.			10
11	Die einzelnen Bundesländer haben im Bereich der Bildung Entscheidungsfreiheit.			11
12	Der Bildungsmonitor garantiert gleiche Bildungschancen für alle.			12
13	Es gibt wichtige und weniger wichtige Bereiche der Untersuchung.			13
14	Die politischen Entscheidungen basieren auf den Untersuchungsergebnissen.			14
15	Es gibt einen bewussteren Umgang mit der Bildungszeit.			15
16	Die Zahl der Ausbildungsverträge ist gesunken.			16

Hörverstehen, Aufgabe 2

		Richtig	Falsch	
17	Kürzere Ausbildungszeiten bringen wirtschaftliche Vorteile.			17
18	Die neuen Studiengänge ermöglichen eine praxisorientierte Berufsausbildung.			18

➔ Markieren Sie nun Ihre Lösungen auf dem Antwortblatt.

	Richtig	Falsch
9	☐	☐
10	☐	☐
11	☐	☐
12	☐	☐
13	☐	☐
14	☐	☐
15	☐	☐
16	☐	☐
17	☐	☐
18	☐	☐

Hörverstehen, Aufgabe 3

Beschreibung dieses Prüfungsteils

Welche Informationen erhalten Sie?

Zunächst wird im Aufgabenheft die Situation eines Vortrags oder Interviews zu einem wissenschaftlichen Thema erklärt.
- Bei dem Vortrag handelt es sich um einen Fachvortrag einer Expertin / eines Experten. Vor dem Vortrag kann es eine kurze Moderation geben.
- Die zweite Möglichkeit ist ein Interview eines Journalisten / einer Journalistin mit einer Expertin / einem Experten.

Zu diesem Vortrag oder Interview gibt es 7 Fragen (Items), die ausformulierte Antworten erfordern.

Wie oft hören Sie den Vortrag / das Interview?

Sie hören den Text zweimal. Ein Anleitungstext erklärt, wie Sie vorgehen sollen.

> Sie hören einen kurzen Vortrag / ein Interview über …
> Sie hören diesen Vortrag / dieses Interview **zweimal**.
> Lesen Sie jetzt die Aufgaben 19 – 25.
> Hören Sie den Text nun ein erstes Mal.
> Beantworten Sie beim Hören die Fragen 19 – 25 in Stichworten.
> Notieren Sie Stichwörter.

Was wird von Ihnen erwartet?

Bei diesem Prüfungsteil sollen Sie zeigen, …
- dass Sie komplexe Aussagen zu einem wissenschaftlichen Thema verstehen
- und Fragen zum Text beantworten können.

Aufgabentyp

Es handelt sich um eine offene Aufgabe: Sie sollen zu 7 Fragen Antworten in Stichworten geben.

Dauer

Der Vortrag bzw. das Interview dauert ca. 5 Minuten und umfasst ca. 600 Wörter.

Wie wird diese Aufgabe bewertet?

Für jedes richtig gelöste Item bekommen Sie einen Punkt, also maximal 10 Punkte.

Wichtiger Hinweis

⊚ Der Schwierigkeitsgrad von Hörtext 3 entspricht der TestDaF-Niveaustufe 5 (TDN 5).

So sieht die Prüfungsaufgabe aus

Hörverstehen, Aufgabe 3

Sie hören einen kurzen Vortrag von Professor Schmölzer darüber, warum Menschen Fehler machen.
Sie hören diesen Vortrag **zweimal**.
Lesen Sie jetzt die Aufgaben 19–25.

Hören Sie nun den Text ein erstes Mal.
Beantworten Sie beim Hören die Fragen 19–25 in Stichworten.

Warum wir uns irren

(0)	Warum vergleicht Professor Schmölzer das Gehirn mit einem Hochleistungsrechner?	(0)	*sehr große Datenmengen werden verarbeitet*
19	Was muss das Gehirn beim Hören von Sprache tun?	19	
20	Warum können wir sprachliche Inhalte so gut erkennen?	20	
21	Was bedeutet es, „mit dem Bauch" zu entscheiden?	21	
22	Was sollten die Studenten in dem Experiment tun?	22	
23	Wann trifft man die richtige Entscheidung am besten?	23	
24	Was ist die größte Fehlerquelle für das Gehirn?	24	
25	Warum wissen wir, dass wir einen Fehler gemacht haben?	25	

Ergänzen Sie jetzt Ihre Stichwörter.

Sie hören den Text jetzt ein zweites Mal.

Sie haben nun 10 Minuten Zeit, um Ihre Lösungen auf das Antwortblatt zu übertragen.

Schritt für Schritt zur Lösung

So geht's

Überschrift lesen
Hypothesen über den Inhalt bilden

1. Bearbeitungsschritt

↳ Auch bei diesem Hörtext gibt Ihnen der Titel erste Hinweise auf den Inhalt. In der Aufgabenstellung werden der Vortragende bzw. Interviewpartner und das Thema genannt.

➲ Schreiben Sie spontan auf, woran Sie bei dem Titel denken:
Beim Titel „Warum wir uns irren" denke ich an …

....

Die Fragen lesen
Schlüsselwörter unterstreichen

2. Bearbeitungsschritt

↳ Beim Lesen der Fragen markieren Sie die Schlüsselwörter.

↳ Achten Sie besonders darauf, wonach <u>genau</u> gefragt wird. Dabei helfen Ihnen Fachwörter und Definitionen. Bei einem Interview sind auch die Namen wichtig, damit Sie die Sprecher unterscheiden können.

Tipp: Achten Sie beim Lesen der Items auf Fachwörter, Definitionen und Namen.

Wichtiger Hinweis

◌ Im Hörverstehen, Aufgabe 3, werden komplexe Informationen abgefragt. Sie müssen mehrere zusammenhängende Sätze oder ganze Abschnitte verstehen, um die Fragen richtig beantworten zu können.

Bei dieser Aufgabe ist es daher besonders wichtig, auf den genauen Wortlaut der Fragen zu achten, um auf diese Weise das Hören gut vorzubereiten. Dafür haben Sie 1 Minute und 15 Sekunden Zeit. Ein Tonsignal von der Kassette oder CD zeigt Ihnen, wann diese Zeit zu Ende ist.

Schauen wir uns das Beispiel-Item (0) an.

> **(0)** Warum vergleicht Professor Schmölzer das Gehirn mit einem Hochleistungsrechner?

An der Antwort „*sehr große Datenmengen werden verarbeitet*" sehen Sie, wonach hier gefragt wird.

➲ Wonach genau wird hier gefragt? Kreuzen Sie an.

Gefragt wird …

a. ☐ nach dem Grund dafür, dass Menschen gut rechnen können.
b. ☐ nach dem Grund dafür, dass Menschen schnell denken können.
c. ☐ nach den Leistungen des Gehirns, die einem Computer ähnlich sind.
d. ☐ nach Professor Schmölzers Vorstellung vom Gehirn.

Wichtiger Hinweis

⚬ Bei einer Hörverstehensaufgabe dieses Schwierigkeitsgrades (TDN 5) sind die Struktur der Frage (hier: Vergleich) und die Textstruktur, die die Antwort enthält, in der Regel unterschiedlich: Im Hörtext wird nicht explizit von einem Vergleich gesprochen, der Vergleich ist implizit). Sie müssen also den gesamten Inhalt des Abschnitts erfassen und daraus die Antwort finden.

Bei einem Interview (siehe Übung 3, S. 67) sind die Fragen in der Prüfungsaufgabe natürlich auch nicht dieselben, die der Interviewer / die Interviewerin im Hörtext stellt.

CD 1, 10 🎧 ➲ Hören Sie jetzt den ersten Abschnitt des Vortrags.

➲ Notieren Sie, was im Hörtext über die Leistungsfähigkeit des Gehirns gesagt wird. Die Zahlen helfen.

2,5 Millionen Fasern ....

1,5 Millionen Fasern ....

➲ Lesen Sie jetzt die Items (19) und (20). Beide Fragen beziehen sich auf den zweiten Abschnitt des Vortrags.

> **19** Was muss das Gehirn beim Hören von Sprache tun?
>
> **20** Warum können wir sprachliche Inhalte so gut erkennen?

Aus den beiden Fragen erkennen Sie bereits das Thema des nächsten Abschnitts.

➲ Notieren Sie.

Im zweiten Abschnitt geht es um ....

Wenn es mehrere Items zu einem Abschnitt gibt, ist es wichtig, die erfragten Informationen bzw. Teilthemen sorgfältig zu unterscheiden.

➲ Markieren Sie jetzt in den Items (19) und (20) die Schlüsselwörter, die auf die unterschiedlichen Teilthemen hinweisen.

3. Bearbeitungsschritt

Erstes Hören: Notizen machen

Exkurs zum ersten Hören

Während des ersten Hörens sollten Sie für jede Antwort nur einige wichtige Stichwörter notieren.

Auf S. 48 haben Sie schon erfahren, wie Sie sich das Notizenmachen erleichtern können, indem Sie …
- keine vollständigen Sätze schreiben,
- Abkürzungen verwenden.

Wichtig ist auch, dass Sie erkennen, wann im Text ein neues Thema beginnt. Bei einem Interview wird dieser Themenwechsel durch Fragen der Interviewerin / des Interviewers deutlich. Bei einem Vortrag gibt es entsprechende sprachliche Signale.

Sprachliche Signale für Themenwechsel:

Rhetorische Mittel	Sprachliche Beispiele
1. Der Themenwechsel wird explizit angekündigt.	„Damit verlassen wir die allgemeine Übersicht und kommen zur ersten Hypothese."
2. Das Verhältnis des neuen Themas zum vorhergehenden wird benannt.	„Im Gegensatz zu den alten Theorien [vorhergehendes Thema] sieht man die Entwicklung der Menschen heute anders" [neues Thema].
3. Eine rhetorische Frage wird gestellt.	„Doch wie entwickelte sich die Gattung Mensch?"
4. Der Hörer wird aufgefordert, sich jetzt einem (neuen) Thema zuzuwenden.	„Schauen wir uns jetzt an, wie sich die Wege von Affe und Mensch trennten."
5. Überleitende Ausdrücke signalisieren, dass etwas Neues kommt.	„Infolgedessen entstand eine neue Gattung ..."

 CD 1, 11 Hören Sie jetzt den zweiten Abschnitt des Interviews ein erstes Mal.

➜ Notieren Sie: Wie wird der Abschnitt eingeleitet?

Sprachlich: ....

Rhetorisch: ....

➜ Notieren Sie Stichwörter für die Antworten.

19 Was muss das Gehirn beim Hören von Sprache tun?	....
20 Warum können wir sprachliche Inhalte so gut erkennen?	....

➜ Woran erkennen Sie den Wechsel zum folgenden Abschnitt? Notieren Sie.

Sprachlich: ....

Rhetorisch: ....

Zweites Hören: Notizen überprüfen und ergänzen

4. Bearbeitungsschritt

Beim zweiten Hören können Sie Ihre Notizen ergänzen und überprüfen. Achten Sie darauf, ob Ihre Antworten auch wirklich zu den Fragen passen.

CD 1, 11 ➜ Hören Sie jetzt den zweiten Abschnitt des Interviews ein zweites Mal. Überprüfen Sie Ihre Antworten zu den Items (19) und (20).

Antworten auf das Antwortblatt übertragen

In der Prüfung haben Sie am Ende der Hörverstehensaufgabe 3 (nach dem zweiten Hören) 10 Minuten Zeit, um die Antworten der drei Hörverstehensaufgaben auf das Antwortblatt zu übertragen.

Wie muss man die Antworten formulieren?

Wichtiger Hinweis

⚙ Es werden keine vollständigen Sätze verlangt. Sie können Ihre Antwort in Stichworten formulieren, die aber einen erkennbaren Sinn haben müssen.

➲ Vergleichen Sie die folgenden Antworten für das Beispiel-Item (0): Schreiben Sie eine Rangfolge von 1 bis 5 in die Kästchen (1 = beste Antwort, 5 = schlechteste / falsche Antwort)

a. ☐ Datenmenge
b. ☐ sehr viele Informationen durch die Fasern
c. ☐ Verarbeitung großer Datenmengen
d. ☐ 1,5 Millionen Fasern
e. ☐ Informationen aufnehmen Fasern Impulse heraus

Sehen wir uns nun mögliche Lösungen für die Items (19) und (20) an.

Schlüsselwörter für Item (19)

○ Hörtext 7, Auszug 1

Wenn wir einen Menschen sprechen hören, muss unser Gehirn komplizierte akustische Muster identifizieren können, und es muss diese auch noch mit Bedeutungen versehen, die helfen, den Inhalt des Gesprochenen zu erschließen. Dabei könnte es passieren, dass die große Zahl an Informationen das Gehirn einfach überfordert, weil es auch Informationen erhält, die für den Inhalt des Gesprochenen unwichtig sind, wie z. B. ein unerwünschtes Nebengeräusch. Doch unser Gehirn funktioniert auch hier perfekt, weil es schon viel gehört, sich davon aber nur die Regeln gemerkt hat, mit deren Hilfe es die Informationen strukturiert.

Schlüsselwörter für Item (20)

Item (19) lautet:

> **19** Was muss das Gehirn beim Hören von Sprache tun?

So geht's

↳ Nach den Schlüsselwörtern hören Sie zwei wichtige Informationen:

1. Das Gehirn muss komplizierte akustische Muster identifizieren.
2. Das Gehirn muss die akustischen Muster mit Bedeutungen versehen.

Beide Informationen müssen in der Antwort enthalten sein. Natürlich müssen die Informationen nicht wortwörtlich wiedergegeben werden.

↳ Mögliche Lösungen sind also:

1. *Gehirn / Es muss akustische Muster erkennen und Bedeutungen dazutun.*
2. *Gehirn muss komplizierte akustische Muster identifizieren und Bedeutungen zuordnen.*
3. *Gehirn erkennt akustische Muster und ihre Bedeutungen.*

Item (20) lautet:

> **20** Warum können wir sprachliche Inhalte so gut erkennen?

So geht's

↳ Sie müssen erkennen, dass sich der Satz „Doch unser Gehirn funktioniert auch hier perfekt", auf dieses Item bezieht.

Das Wort „hier" greift den Gedanken auf, der in Item (19) abgefragt wurde (= Verweis-wort). Das Schlüsselwort „perfekt" entspricht der Aussage „Inhalte … gut erkennen" im Item (20).

↳ Mögliche Lösungen sind also:

1. *Gehirn hat viel Sprache gehört und sich Regeln gemerkt.*
2. *Gehirn hat schon viel gehört und sich die Sprachregeln gemerkt.*
3. *Gehirn hat aus Erfahrung wichtige sprachliche Regeln gemerkt.*

An Lösungsvorschlag 3 sehen Sie, dass auch die sinngemäße Widergabe des Inhalts richtig ist.

CD 1, 12 ⊙ Hören Sie jetzt den ganzen Vortrag einmal oder zweimal. Lösen Sie dabei die Items (21) – (25) wie in den Beispielen.

⊙ Übertragen Sie am Ende Ihre Lösungen auf das Antwortblatt.

21	
22	
23	
24	
25	

Hörverstehen, Aufgabe 3

Übungen

Übung 1: Abschnitte und Themen erkennen

Sie hören einen kurzen Vortrag über den Unterschied zwischen Menschen und Affen beim Erkennen von Lauten.

CD 1, 13 ● Hören Sie den Vortrag einmal. Notieren Sie beim Hören Redemittel, an denen Sie den Beginn eines Abschnitts erkennen. Ergänzen Sie das Schema.

Abschnitt	Sprachlich-rhetorische Mittel der Einleitung bzw. des Übergangs zum neuen Abschnitt	Thema des Abschnitts
1	Meine Damen und Herren, …	Einleitung
2		
3		Laute zeigen Eigenschaften der Männchen
4		
5		Fazit / Schlussfolgerung

Übung 2. Komplexe Informationen verstehen

In dem Vortrag, den Sie in Übung 1 gehört haben, sind komplexe Informationen enthalten. In dieser Übung sollen Sie versuchen, diese Informationen zu erkennen und zusammenfassend kurz zu notieren.

CD 1, 13 ● Hören Sie den Vortrag zweimal. Beantworten Sie danach folgende Fragen in Stichworten.

1. In welchen Situationen geben Paviane ungewöhnliche Laute von sich?

2. Was sagen die Laute, die Affenmännchen von sich geben, über das Tier aus?

3. Worin besteht der Unterschied zwischen Menschen und Affen im Bereich der Laute?

Übung 3: Zusätzliche Übungsaufgabe zum Hörverstehen 3

CD 1, 14 🎧 Sie hören ein Interview mit dem Planetenforscher Professor Neukum über die Bedeutung des Mondes für die Wissenschaft sowie über das Projekt LEO.
Sie hören dieses Interview **zweimal**.
Lesen Sie jetzt die Aufgaben 19 – 25.

Hören Sie nun den Text ein erstes Mal.
Beantworten Sie beim Hören die Fragen 19 – 25 in Stichworten.

Deutsche Forscher schauen in den Mond

(0)	Warum ist das Projekt LEO für Professor Neukum wichtig?	(0)	*Mondflüge sollen wissenschaftlich begleitet werden*
19	Welche Ergebnisse der Apollo-Flüge waren falsch? (2 Nennungen)	19	
20	Wofür ist die Mondforschung eine wichtige Basis?	20	
21	Welche Fähigkeit hat man seit den 1960er-Jahren nicht mehr?	21	
22	Worin sieht Professor Neukum das größte wirtschaftliche Potenzial des Mondes?	22	
23	Was lässt sich mit LEO messen?	23	
24	Worüber können die Daten von LEO grundlegende Erkenntnisse bringen?	24	
25	Wer würde ganz besonders von LEO profitieren?	25	

➔ Ergänzen Sie jetzt Ihre Stichwörter.

CD 1, 14 🎧 ➔ Hören Sie das Interview ein zweites Mal.

○ Überprüfen Sie Ihre Lösungen.

○ Übertragen Sie nun Ihre Lösungen auf das Antwortblatt.

19	
20	
21	
22	
23	
24	
25	

Schriftlicher Ausdruck

Aufbau und Aufgabenstellung

„Schriftlicher Ausdruck" ist der dritte Prüfungsteil des TestDaF.
In diesem Prüfungsteil sollen Sie einen längeren, zusammenhängenden Text zu einem
bestimmten Thema schreiben.

Der Text besteht aus einem beschreibenden Teil, in dem Sie eine Grafik beschreiben, und
einem argumentativen Teil, in dem Sie das Thema erörtern.

Zu Beginn der Prüfung erhalten Sie ein Aufgabenheft, einen Schreibbogen, auf den Sie
Ihren endgültigen Text schreiben, und ein Konzeptpapier für Ihre Notizen.

Am Ende des Prüfungsteils geben Sie den Schreibbogen und das Konzeptpapier ab.
Gewertet wird nur der Text auf dem Schreibbogen.

Wichtiger Hinweis

⚙ Während dieses Prüfungsteils dürfen Sie keine Hilfsmittel (Wörterbuch, Handy)
benutzen.

Schriftlicher Ausdruck

Beschreibung dieses Prüfungsteils

Was erhalten Sie?

Sie erhalten ein Aufgabenheft mit allen Hinweisen für die Prüfung, d. h.
- eine Seite, auf der Ihnen erklärt wird, wie die Aufgabe bearbeitet werden soll und was dabei wichtig ist,
- eine Doppelseite mit der Schreibaufgabe,
- einen Schreibbogen,
- ein Blatt Konzeptpapier für Ihre Notizen.

Auf der linken Seite der Doppelseite finden Sie einen kurzen Text, der Sie in das Thema der Schreibaufgabe einführt. Auf der rechten Seite ist eine Vorlage abgedruckt, die Sie für die Bearbeitung der Aufgabe brauchen: Das ist entweder eine Tabelle oder eine Grafik. Darunter steht die Aufgabenstellung.

Die Aufgabenstellung ist komplex.
- Zunächst sollen Sie Informationen, z. B. Zahlenverhältnisse oder Tendenzen, die Sie aus der Tabelle oder Grafik entnehmen, beschreiben und vergleichen.
- Dann werden unterschiedliche Meinungen zum Thema dargestellt. Diese Meinungen sollen Sie in eigenen Worten wiedergeben, dazu Stellung nehmen und eine eigene Meinung zum Thema äußern. Die eigene Meinung muss begründet werden.
- Schließlich sollen Sie auch auf die Situation in Ihrem Heimatland eingehen.

Was wird von Ihnen erwartet?

Sie sollen in diesem Prüfungsteil zeigen, dass Sie in der Lage sind, einen zusammenhängenden Text anhand von statistischen Daten und Leitfragen zu schreiben. Die Anzahl der Wörter ist nicht vorgegeben.

Aufgabentyp

Es handelt sich um eine Aufgabe zur Textproduktion, die durch Leitfragen gesteuert wird.

Dauer

Zunächst bekommen Sie fünf Minuten Zeit, um die Anleitung für diesen Prüfungsteil im Aufgabenheft zu lesen.

Für die Bearbeitung der Aufgabe haben Sie dann 60 Minuten Zeit.

Wie wird diese Aufgabe bewertet?

Der Text wird nach drei Hauptkriterien beurteilt:

1. Gesamteindruck

In dieser Kategorie wird zunächst der Textaufbau bewertet. Wichtig sind eine
Einleitung, klar erkennbare Überleitungen zwischen den Abschnitten sowie
eine Schlussfolgerung bzw. ein Fazit. Darüber hinaus ist ein nachvollziehbarer
Gedankengang wichtig. Die Beurteilerinnen und Beurteiler werden sich auch fragen, ob
der Text flüssig lesbar ist.

2. Behandlung der Aufgabe

Hier wird zunächst überprüft, ob Sie alle Punkte der Aufgabenstellung auch bearbeitet
haben. Bewertet wird dann, wie Sie die Grafik bzw. Tabelle beschrieben haben, d. h. ob
Sie die Informationen folgerichtig dargestellt haben und Ihre Beschreibung auch
verständlich ist. Beim argumentativen Teil ist wichtig, dass Sie die auf dem Arbeitsblatt
dargestellten Meinungen mit eigenen Worten wiedergegeben haben und die
Argumente für oder gegen einen Standpunkt auch begründet sind. Natürlich wird nicht
Ihre Meinung bewertet, sondern ob Sie Ihre Meinung sachlich, verständlich und gut
begründet dargestellt haben. Schließlich ist ein weiteres Kriterium, wie Sie die
Situation in Ihrem Heimatland in die Argumentation eingebaut haben.

3. Sprachliche Realisierung

Es wird kein grammatisch und orthografisch perfekter Text erwartet. Aber natürlich
braucht man für eine bestimmte Niveaustufe auch ein bestimmtes Niveau an
Ausdrucksmöglichkeiten. In diesem Punkt wird also bewertet, ob und wie Sie
Sätze miteinander verbinden, ob Sie die Satztypen variieren können und welche
Ausdrücke Sie für den Inhalt des Textes verwenden. Auch sprachliche Fehler werden
berücksichtigt, wobei eine wichtige Frage ist, ob man den Text trotz sprachlicher Fehler
verstehen kann oder nicht.

Schriftlicher Ausdruck

So sieht die Prüfungsaufgabe aus

Finanzierung des Studiums

Die Mehrzahl der Studierenden in Deutschland muss neben der Uni jobben, um das Studium zu finanzieren. Durchschnittlich 308 Euro verdienen Studenten sich pro Monat dazu.

Neben der eigenen Arbeit bleiben allerdings die Eltern eine wichtige Finanzquelle.

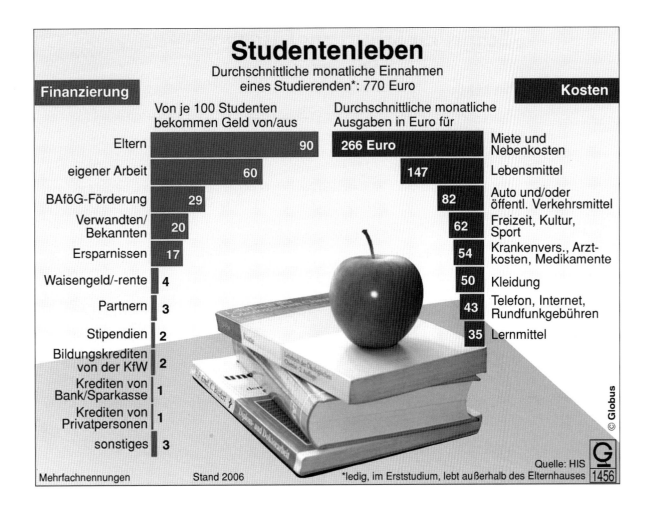

Studentenleben
Durchschnittliche monatliche Einnahmen eines Studierenden*: 770 Euro

Finanzierung

Kosten

Von je 100 Studenten bekommen Geld von/aus

Durchschnittliche monatliche Ausgaben in Euro für

Finanzierung	Anzahl		Betrag	Kosten
Eltern	90		266 Euro	Miete und Nebenkosten
eigener Arbeit	60		147	Lebensmittel
BAföG-Förderung	29		82	Auto und/oder öffentl. Verkehrsmittel
Verwandten/Bekannten	20		62	Freizeit, Kultur, Sport
Ersparnissen	17		54	Krankenvers., Arztkosten, Medikamente
Waisengeld/-rente	4		50	Kleidung
Partnern	3		43	Telefon, Internet, Rundfunkgebühren
Stipendien	2		35	Lernmittel
Bildungskrediten von der KfW	2			
Krediten von Bank/Sparkasse	1			
Krediten von Privatpersonen	1			
sonstiges	3			

© Globus

Mehrfachnennungen   Stand 2006   *ledig, im Erststudium, lebt außerhalb des Elternhauses

Quelle: HIS

1456

„Finanzierung des Studiums"

Beschreiben Sie,
- wie deutsche Studierende ihr Studium finanzieren und
- wie sich die Kosten im Einzelnen aufteilen.

Bei der Diskussion um die Finanzierung durch BAföG (= staatliche Förderung für eine Ausbildung) und Bildungskredite gibt es unterschiedliche Meinungen:

Jeder / Jedem eine gute Ausbildung zu ermöglichen, gehört zu den Aufgaben eines Sozialstaates. Eine finanzielle Unterstützung durch den Staat sollte nicht zurückgezahlt werden, sondern, wie z. B. Stipendien, leistungsgebunden ohne Rückzahlung zur Verfügung gestellt werden.

Bildung kostet den Staat sehr viel Geld. Finanzielle Unterstützung durch den Staat oder durch Banken sollte nach dem Studium auf jeden Fall zurückgezahlt werden.

- Geben Sie die beiden Meinungen mit eigenen Worten wieder.
- Nehmen Sie zu beiden Aussagen Stellung und begründen Sie Ihre Meinung.
- Gehen Sie auch auf die Situation in Ihrem Heimatland ein.

Schritt für Schritt zur Lösung

So geht's

↳ Sie lesen den Anleitungstext zur Prüfung rasch durch und markieren dabei wichtige Informationen.

↳ Dann lesen Sie die ganze Aufgabe (Doppelseite) erst einmal zügig durch.

Die Aufgabe in diesem Prüfungsteil hat immer denselben Aufbau und besteht aus zwei Teilen.

➲ Notieren Sie, was Sie in den einzelnen Aufgabenteilen tun sollen:

Im ersten Teil der Aufgabe soll ich ....

....

Im zweiten Teil soll ich ....

....

1. Bearbeitungsschritt | **Thema und Aufgabenstellung klären**

↳ Thema und Aufgabenstellung finden Sie im Einführungstext auf der linken Seite des Aufgabenblatts.

➲ Lesen Sie den Einführungstext auf S. 72.

➲ Notieren Sie.

Thema der Aufgabe ist, ...

2. Bearbeitungsschritt | **Überschrift finden**

↳ Jeder Text hat eine Überschrift. Sie können entweder die Überschrift der Aufgabe übernehmen (in diesem Fall „Finanzierung des Studiums") oder Sie überlegen sich eine andere Überschrift.

➲ Wie könnte eine andere Überschrift für Ihren Text lauten?

....

3. Bearbeitungsschritt | **Material analysieren**

↳ Nachdem Sie sich die Aufgabe klargemacht haben, schauen Sie sich das Material, das Sie bekommen haben, sehr genau an.

➲ Überlegen Sie, welche Informationen Sie für die Bearbeitung der Aufgabe brauchen, und markieren Sie diese.

Gliederung des Textes
Stichworte zu den Gliederungspunkten notieren

↳ Wenn Sie das Material analysiert haben, erstellen Sie eine Gliederung des Textes. Dabei können Sie sich an der Aufgabenstellung orientieren, sie gibt Ihnen bereits die Gliederung vor. Sie notieren Stichworte zu den Gliederungspunkten.

Der erste Teil des Textes ist die Einleitung. Sie führt zum Thema und / oder nennt einen aktuellen Anlass. Informationen dazu finden Sie immer im Einführungstext auf der linken Seite des Aufgabenheftes. Aber bitte beachten Sie: Sie dürfen weder den ganzen Text noch Textteile wörtlich übernehmen.

➔ Lesen Sie noch einmal den Einführungstext und notieren Sie Stichworte für Ihre Einleitung.

....

....

Nach der Einleitung kommt der Hauptteil. Bedingt durch die Aufgabenstellung besteht der Hauptteil immer aus drei Teilen bzw. Abschnitten.

➔ Lesen Sie noch einmal die Beschreibung der Aufgabe und ergänzen Sie das folgende Schema.

Hauptteil:
Teil / Abschnitt 1: *Beschreibung der Grafik*

Teil / Abschnitt 2: ....

Teil / Abschnitt 3: ....

Wichtiger Hinweis
⸪ Jeder Abschnitt beginnt mit einer neuen Zeile. Das macht den Text leichter lesbar. Achten Sie beim Schreiben Ihres Textes darauf.

➔ Tragen Sie nun Ihre Stichwörter zu den einzelnen Abschnitten des Hauptteils in die folgende Tabelle ein. Berücksichtigen Sie dabei die Hinweise zu den einzelnen Abschnitten auf S. 76.

Abschnitt 1: Beschreibung	Abschnitt 2: Stellung-nahme mit Begründung	Abschnitt 3: Vergleich mit dem Heimatland

Schriftlicher Ausdruck

Hinweise zu den einzelnen Abschnitten:

Abschnitt 1: Beschreibender Teil

• Nennen Sie nur die wichtigsten Daten der Vorlage (Grafik / Tabelle). Beschreiben Sie Entwicklungen oder nennen Sie bei Vergleichen deutliche Abweichungen bzw. Extremwerte. (Redemittel zum Beschreiben von Grafiken finden Sie auf Seite 78.)

• Zählen Sie keine Einzelheiten auf, sondern fassen Sie Informationen zusammen.

• Achten Sie auf eine gut strukturierte Beschreibung. Man sollte Ihre Ausführungen verstehen, ohne die Vorlage zu kennen.

Nehmen Sie sich für den beschreibenden Teil maximal 20 Minuten Zeit.

Abschnitt 2: Argumentativer Teil

• In der Regel werden in der Aufgabe zwei unterschiedliche Meinungen zu einem Thema vorgestellt. Sie sollen diese Meinungen in eigenen Worten wiedergeben. Sie dürfen nicht wörtlich abschreiben, sondern müssen umformulieren.

• Meistens müssen Sie abwägen oder Vor- und Nachteile eines Sachverhaltes nennen. (Redemittel hierzu finden Sie auf S. 79.)

• Wenn Sie Ihre Meinung äußern, müssen Sie diese auch begründen und schlüssig argumentieren.

• Achten Sie auf den logischen Aufbau Ihrer Argumentation.

Nehmen Sie sich für den argumentativen Teil und die Situation im Heimatland maximal 40 Minuten Zeit.

Abschnitt 3: Situation im Heimatland

• Auch in diesem Textteil sollten Sie auf logische Verknüpfungen achten.

• Manchmal hilft Ihnen der Vergleich mit dem Heimatland auch bei der Argumentation.

Sie müssen den Hauptteil nicht in der vorgegebenen Reihenfolge schreiben.

Sie können zum Beispiel auch mit der Situation in Ihrem Heimatland anfangen und die Situation in Deutschland zum Vergleich gegenüberstellen. Eine andere Möglichkeit ist es, den Vergleich mit dem Heimatland nicht als eigenen Abschnitt zu schreiben, sondern die Situation in Ihrem Heimatland zur Unterstützung Ihrer Argumente zu verwenden. Wichtig ist, dass Ihr Text logisch aufgebaut ist, Ihr Gedankengang für die Leserin/den Leser nachvollziehbar ist und Sie Ihre Meinung deutlich ausdrücken.

Beachten Sie in Ihrer Argumentation die **Grundstruktur eines Gedankengangs**.

Am Anfang steht eine	• Überlegung/Behauptung.
Es folgt die	↳ Begründung.
	↓
Am Ende ergibt sich daraus die	Folgerung.

Ihren Text schreiben

5. Bearbeitungsschritt

↳ Bei der Ausformulierung Ihres Textes ist es auch wichtig, dass Sie die Abschnitte durch Überleitungen verbinden. (Redemittel hierzu finden Sie auf S. 79.)

↳ Ebenso wichtig ist es, dass Sie in Ihrem Text nicht nur Hauptsätze aneinanderreihen, sondern Haupt- und Nebensatzkonstruktionen sowie Verweiswörter verwenden, um die einzelnen Sätze bzw. Textteile miteinander zu verknüpfen.

 Schreiben Sie nun Ihren Text zur Prüfungsaufgabe auf den S. 72/73. Verwenden Sie dabei die Redemittel auf den S. 78/79.

Schlussbemerkung

6. Bearbeitungsschritt

↳ Der letzte Teil des Textes ist der Schluss. Im Schlussteil können Sie die wichtigsten Punkte zusammenfassen, einen Ausblick geben oder Ihre Meinung noch einmal bekräftigen.

 Formulieren Sie nun einen möglichen Schlusssatz für Ihren Text.

....

....

Wichtiger Hinweis

7. Bearbeitungsschritt

⚙ Planen Sie genügend Zeit ein, um Ihren Text zum Schluss noch einmal durchzulesen.

(Einen Lösungsvorschlag zum Text „Finanzierung des Studiums" finden Sie auf S. 129.)

Redemittel: Eine Grafik beschreiben

Zahlen darstellen

In einem Diagramm können die Zahlen auf zwei Arten angegeben sein:
- absolute Zahlen = Angaben in Werten wie Euro, Liter, Millionen
- Anteile in Prozent

Mögliche Redemittel

Der Anteil des / der … [Attribut im Genitiv] beträgt / betrug (…) Prozent.
Der Anteil des / der (…) ist von (…) Prozent auf (…) Prozent gestiegen.
Der Anteil des / der (…) hat sich von (…) Prozent auf (…) Prozent erhöht.

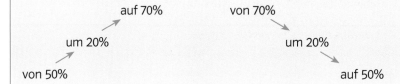

Der Anteil der Flugreisen ist von 50% um 20% auf 70% gestiegen.
Der Anteil des Campingurlaubs ist von 70% um 20% auf 50% gesunken.

Der Anteil des / der (…) ist von (…) Prozent auf (…) Prozent gesunken.
Der Anteil des / der (…) ist von (…) Prozent (…) auf (…) Prozent (…)
  zurückgegangen.
Die Zahl der (…) ist von (…) auf (…) gestiegen / gesunken.

Entwicklungen darstellen

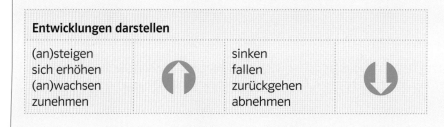

(an)steigen		sinken	
sich erhöhen		fallen	
(an)wachsen		zurückgehen	
zunehmen		abnehmen	

Redemittel: Die eigene Meinung ausdrücken

Ich denke / finde / meine / glaube, dass …
Meiner Meinung nach …
Ich bin der Meinung, dass …
Ich bin der Überzeugung, dass …

Redemittel für ...

ablehnen	Es ist falsch, wenn ...
	Hier bin ich anderer Meinung. / Hierzu gibt es eine andere
	   Meinung.
	Diesem Argument kann man nicht zustimmen.
	Dem muss man entgegenhalten, dass ...
	Dem wird entgegengehalten, dass ...
	Das wird abgelehnt / zurückgewiesen / kritisiert / bezweifelt /
	   in Frage gestellt.

einschränken	Zwar ... aber ... Das ist nur bedingt richtig. Man muss aber auch berücksichtigen, dass ... Hier muss man eine Einschränkung machen.
abwägen	Einerseits ..., andererseits ... Auf der einen Seite ..., auf der anderen Seite ... Zum einen ..., zum anderen ... Wenn auch ..., so ist doch ...
vergleichen	Beim Vergleich der Argumente ... Wenn man ... mit ... vergleicht, dann ... Im Vergleich zu ...

Redemittel: Abschnitte verbinden

Im folgenden Abschnitt geht es um die Frage, ...
Der folgende Abschnitt beschreibt, ...
Wir kommen nun zu der Frage, ob ...
Wir kommen nun zu der Darstellung ...
Nachdem wir (...), kommen wir nun ...
Im Folgenden möchte ich ... eingehen ...

Redemittel: Verweis auf bereits Gesagtes

Wie ... eben
     schon   genannt/ beschrieben / ausgeführt, ...
     oben
     im vorherigen / vorigen Abschnitt

Übungen

Übung 1: Zahlen und Entwicklungen beschreiben

Die folgende Grafik zeigt die Entwicklung des weltweiten Wasserverbrauchs.

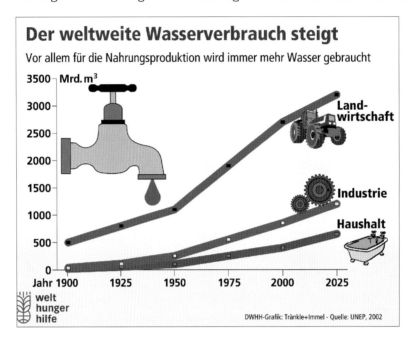

1. Schreiben Sie für jede der drei Kurven 1–2 Sätze, die die Tendenz darstellen. Versuchen Sie, die Tendenz sprachlich zu gewichten (z. B.: … starker / geringer Anstieg …). Wenn Sie unsicher sind, schauen Sie noch einmal bei den Redemitteln auf den S. 78 / 79 nach.

Haushalt:

....

....

....

Industrie:

....

....

....

Landwirtschaft:

....

....

....

2. Verbinden Sie nun die Aussagen zu einem zusammenhängenden Text, der die Grafik insgesamt beschreibt.

....

....

....

....

....

....

....

....

Übung 2: Informationen bewerten

Die Aufgabe lautet:

> Beschreiben Sie das Verhältnis der Deutschen zu ihrem Auto anhand des Schaubilds. Stimmt das Klischee, dass die Deutschen ihr Auto besonders lieben?

Um diese Aufgabe zu bearbeiten, müssen Sie der Grafik bestimmte Informationen entnehmen und diese bewerten. Das heißt, Sie müssen überlegen, welche Aussage Sie anhand der Informationen machen können.

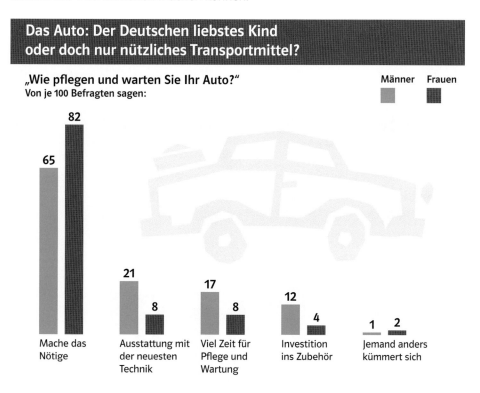

Das Auto: Der Deutschen liebstes Kind oder doch nur nützliches Transportmittel?

„Wie pflegen und warten Sie Ihr Auto?"
Von je 100 Befragten sagen:

Männer   Frauen

	Mache das Nötige	Ausstattung mit der neuesten Technik	Viel Zeit für Pflege und Wartung	Investition ins Zubehör	Jemand anders kümmert sich
Männer	65	21	17	12	1
Frauen	82	8	8	4	2

1. Notieren Sie.

Informationen, die ich für wichtig halte:	Was bedeutet diese Information?

2. Fassen Sie die Informationen nun zusammen.

Die Deutschen ....

Denn ....

....

....

Übung 3: Zahlen mit der Situation im Heimatland vergleichen

Die Aufgabe lautet:

Beschreiben Sie, was die Deutschen in ihrer Freizeit am liebsten machen.
Vergleichen Sie die ausgewählten Zahlen mit der Situation in Ihrem Heimatland.

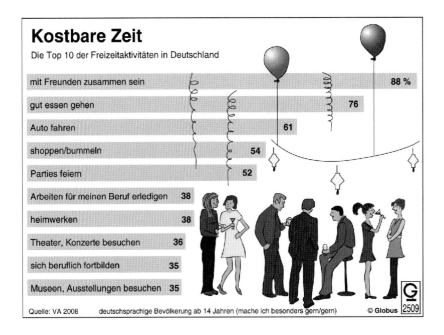

Kostbare Zeit
Die Top 10 der Freizeitaktivitäten in Deutschland

mit Freunden zusammen sein	88 %
gut essen gehen	76
Auto fahren	61
shoppen/bummeln	54
Parties feiern	52
Arbeiten für meinen Beruf erledigen	38
heimwerken	38
Theater, Konzerte besuchen	36
sich beruflich fortbilden	35
Museen, Ausstellungen besuchen	35

Quelle: VA 2008   deutschsprachige Bevölkerung ab 14 Jahren (mache ich besonders gern/gern)   © Globus 2509

1. Tragen Sie die entsprechenden Angaben in die Tabelle ein.

In Deutschland ...		So ist dies in meinem Heimatland:
... ist am beliebtesten:		
... ist am wenigsten beliebt:		
... ist auch sehr beliebt:		

In meinem Heimatland ...		So ist dies in Deutschland:
... ist am beliebtesten:		
...ist am wenigsten beliebt:		
... ist auch sehr beliebt:		

2. Überprüfen Sie die Angaben in der Tabelle.

Haben Sie bestimmte Informationen doppelt eingetragen? Wenn ja, markieren Sie diese Felder grün.
Gibt es in einer Rubrik große Unterschiede? Wenn ja, markieren Sie diese Felder rot.

3. Schreiben Sie nun mit den Informationen in den rot markierten Feldern Vergleichssätze, die den Unterschied bzw. Gegensatz ausdrücken. (Redemittel hierzu finden Sie auf S. 79.)

Unterschiede zwischen Deutschland und meinem Heimatland:

....

....

....

....

....

....

....

Übung 4: Zusätzliche Übungsaufgabe zum Schriftlichen Ausdruck

Praktikum nach dem Studium

Den deutschen Universitäten wird immer wieder vorgeworfen, das Studium dort sei zu theoretisch und die Absolventen hätten noch überhaupt keine praktischen Erfahrungen. Deshalb wird den Studierenden empfohlen, während oder nach dem Studium ein Praktikum (Pl. Praktika) zu machen, also für eine begrenzte Zeit in einem Unternehmen oder einer öffentlichen Einrichtung eine einfache, aber berufsbezogene Tätigkeit auszuüben.

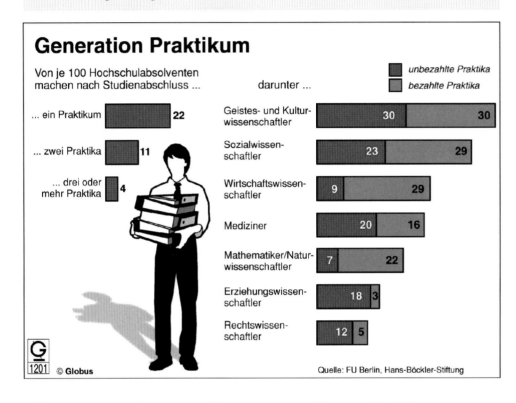

- Beschreiben Sie die Situation der Praktika bei den deutschen Hochschulabsolventen.
- Gehen Sie dabei darauf ein, ob es sich um bezahlte oder unbezahlte Praktika handelt.

Bei der Frage, ob ein Praktikum eine sinnvolle Ergänzung zum Studium ist, gibt es unterschiedliche Meinungen:

Die Ausbildung an der Hochschule ist eine gute Vorbereitung für den Beruf. Aber Praktikanten müssen oft die gleichen Arbeiten machen wie die Angestellten. Das ist nur für die Unternehmen ein Vorteil, denn sie bekommen auf diese Weise günstige Arbeitskräfte.
Ein Praktikum ist eine wichtige Ergänzung zum Studium. Denn auf diese Weise bekommt man einen realistischen Eindruck vom Berufsleben und kann das Gelernte schon in einem einfachen Rahmen anwenden.

- Geben Sie die beiden Meinungen mit eigenen Worten wieder.
- Nehmen Sie zu beiden Aussagen Stellung und begründen Sie Ihre Meinung.
- Gehen Sie auch darauf ein, wie verbreitet Praktika in Ihrem Heimatland sind.

Mündlicher Ausdruck

Aufbau und Aufgabenstellung

„Mündlicher Ausdruck" ist der vierte Prüfungsteil des TestDaF.

Der Prüfungsteil umfasst 7 Aufgaben.

Was ist das Besondere bei diesem Prüfungsteil?

Bei anderen Prüfungen (z. B. DSH) sprechen Sie in der mündlichen Prüfung mit einem Prüfer oder einer Prüferin. Beim TestDaF dagegen wird ein Tonträger, eine Kassette oder CD, eingesetzt. Das heißt: Sie bekommen alle Anweisungen von der Kassette oder CD und Sie sprechen in ein Mikrofon. Ihre Antworten werden also mithilfe eines Aufnahmegeräts aufgenommen und gespeichert.

Der Tonträger wird zentral von der / dem Prüfungsbeauftragten gestartet und erst nach der siebten Aufgabe gestoppt. Sie können also die Reihenfolge der Aufgaben nicht selbst bestimmen, Sie können den Ablauf auch nicht stoppen, sondern müssen die Aufgaben in einem Durchgang bearbeiten.

Was erhalten Sie?

Zu Beginn erhalten Sie ein Aufgabenheft. Darin wird zunächst die Prüfung erklärt. Es folgen 7 Arbeitsblätter mit 7 Aufgaben.

Was wird von Ihnen erwartet?

Beim „Mündlichen Ausdruck" sollen Sie zeigen, dass Sie sich in verschiedenen hochschultypischen Situationen mündlich äußern können. Dazu sollen Sie sich in sieben unterschiedliche Situationen, die an einer Hochschule vorkommen können, hineinversetzen.

Dabei sollen Sie folgende Sprechhandlungen realisieren:

Aufgabe	Sprechhandlung
1	Informationen erfragen
2	berichten / beschreiben / einen Sachverhalt darstellen
3	Informationen aus einer Grafik versprachlichen
4	Stellung nehmen / Vor- und Nachteile abwägen
5	Alternativen vergleichen und abwägen
6	Hypothesen anhand der Informationen aus einer Grafik entwickeln
7	einen Rat geben / eine Meinung darlegen

Aufgabentyp

Es handelt sich um eine von einem Tonträger gesteuerte, kommunikative Aufgabe.
Sie äußern sich als Sie selbst in verschiedenen hochschultypischen Situationen. Dabei
reagieren Sie auf fiktive, also nicht wirklich vorhandene Gesprächspartner: Sie erhalten
einen Sprechimpuls vom Tonträger, auf den Sie reagieren sollen.

Dauer

Der Prüfungsteil „Mündlicher Ausdruck" dauert einschließlich der allgemeinen
Anweisungen und Vorbereitungen ca. 35 Minuten.

Ablauf der Prüfung

Der / Die Prüfungsbeauftragte Ihres Testzentrums wird Sie zunächst darüber
informieren, wie Ihr Aufnahmegerät funktioniert.
Danach hören Sie alle Erklärungen und Informationen zur Prüfung vom Tonträger.

Zunächst werden Sie aufgefordert, das Funktionieren Ihres Aufnahmegeräts zu
überprüfen.

Dann folgen zwei Fragen. Der Sprecher fragt
- nach Ihrer Teilnehmernummer und
- nach dem Datum.

Nach einem Signalton sprechen Sie diese Angaben ins Mikrofon.

Nun liest der Sprecher die allgemeinen Anweisungen zur Prüfung vor, in denen erklärt
wird, wie die Prüfung abläuft und worauf Sie achten sollen.
Diese allgemeinen Anweisungen können Sie in Ihrem Aufgabenheft mitlesen.

Danach geht der Sprecher zu den Aufgaben über. Vor jeder Aufgabe sagt er Ihnen,
wie viel Zeit Sie haben, um sich vorzubereiten (Vorbereitungszeit) und wie viel Zeit
Sie haben, um zu sprechen (Sprechzeit). Die Zeiten variieren je nach Aufgabe. Beide
Angaben finden Sie aber auch auf dem Arbeitsblatt zu jeder Aufgabe. Die einzelnen
Aufgaben werden hintereinander abgespielt. Sie können also nicht zurückspulen und
sich korrigieren.

Jede Aufgabe besteht aus fünf Teilen.

1. **Situationsbeschreibung:** Sie erhalten Angaben zur fiktiven Situation, in der Sie sich befinden und Sie erfahren, worum es geht und mit wem Sie sprechen werden.
2. **Aufgabenstellung:** Sie erfahren, was genau Sie bei der Aufgabe machen sollen. Meistens hat die Aufgabe mehrere Komponenten.
3. **Vorbereitungszeit:** Wenn der Sprecher die Aufgabe vorgelesen hat, haben Sie Zeit zum Überlegen und können sich Notizen machen.
4. **Sprechimpuls:** Nachdem die Vorbereitungszeit zu Ende ist, hören Sie „Ihren Gesprächspartner" oder „Ihre Gesprächspartnerin" von der CD bzw. Kassette. Dies kann ein Anrufbeantworter sein, eine Person, die sich am Telefon meldet oder ein Dozent / eine Dozentin, die Sie zu etwas auffordert. Der Sprechimpuls steht nicht im Aufgabenheft.
5. **Sprechzeit:** Die Zeit, die Sie haben, um zu sprechen, beträgt je nach Aufgabe zwischen 30 Sekunden und zwei Minuten. 5 Sekunden, bevor die Zeit abläuft, hören Sie einen Signalton.

Wie wird diese Aufgabe bewertet?

Ihre Aussagen werden von speziell geschulten Personen in Deutschland bewertet. Folgende Aspekte werden dabei beachtet.

Gesamtwirkung:
- Sprechen Sie flüssig, klar und verständlich?
- Kann der Inhalt gut nachvollzogen werden?
- Kann man dem Gedankengang folgen?

Sprachliche Realisierung:
- Wie ist Ihre Äußerung aufgebaut? Ist sie der Situation angemessen?
- Passt der Wortschatz zur Situation? Ist der Wortschatz groß genug, um die Sprechhandlung zu bewältigen?
- Gibt es Fehler, die das Verstehen Ihrer Äußerung erschweren?

Bezug zur Aufgabenstellung:
- Sind alle Punkte der Aufgabenstellung berücksichtigt?
- Haben Sie die geforderten Sprechhandlungen erfüllt?

Wichtige Hinweise

⊚ Auf den Aufgabenblättern haben Sie Platz für Ihre Notizen.

⊚ Sie dürfen während der ganzen Prüfung keine Hilfsmittel (Wörterbuch, Handy) benutzen.

Im folgenden Übungsteil gibt es zu jeder Prüfungsaufgabe zwei Beispiele.
In Beispiel 1 hören Sie die Beschreibung der Situation und die Aufgabenstellung wie in der Prüfung auch vom Tonträger. Nach der Vorbereitungszeit hören Sie den Sprechimpuls.
In Beispiel 2 hören Sie nur den Sprechimpuls vom Tonträger und nach der Sprechzeit den Signalton. Die Situationsbeschreibung und die Aufgabenstellung stehen auf dem Arbeitsblatt. Lesen Sie dieses zuerst.

Mündlicher Ausdruck

Schritt für Schritt zur Lösung

So geht's

↳ Zu Beginn des Prüfungsteils hören Sie allgemeine Informationen zum Ablauf der Prüfung.

➜ Hören Sie die allgemeinen Informationen.

➜ Beantworten Sie bitte die folgenden Fragen.

1. Müssen Sie die Aufnahmetaste drücken?

....

2. Welche persönlichen Angaben müssen Sie machen?

....

3. Wie viele Aufgaben gibt es?

....

4. Wie viele Teile hat eine Aufgabe?

....

5. Was beschreibt der Sprecher?

....

6. Was ist die „Vorbereitungszeit"?

....

7. Was ist die „Sprechzeit?"

....

8. Was geschieht, wenn die Vorbereitungszeit zu Ende ist?

....

9. Wie lange müssen Sie sprechen?

....

10. Wie müssen Sie sprechen?

....

Prüfungsaufgabe 1

Aufgabe 1

Beispiel 1

Auf einem Plakat in der Mensa haben Sie gelesen, dass das Institut für Interkulturelle Kommunikation eine Ausstellung mit Fotografien ausländischer Studierender plant. Sie möchten sich gerne daran beteiligen und rufen im Institut an.

Stellen Sie sich vor.
Sagen Sie, warum Sie anrufen.
Fragen Sie nach den Möglichkeiten, an der Ausstellung mitzuarbeiten.

Sie: Vorbereitungszeit

...

Herr Kröhner:

Sie: Sprechzeit

Mündlicher Ausdruck

⊘ Schauen Sie sich das Aufgabenblatt an. Was finden Sie auf dem Aufgabenblatt? Notieren Sie.

1. ....

2. ....

3. ....

4. ....

⊘ Was finden Sie auf dem Aufgabenblatt nicht?

....

CD 1, 16 🎧 ⊘ Hören Sie Aufgabe 1.

⊘ In welcher Reihenfolge hören Sie diese Angaben? Notieren Sie (Zahlen 1–5).

a. ☐ Situationsbeschreibung
b. ☐ Aufgabenstellung
c. ☐ Dauer der Vorbereitungszeit
d. ☐ Dauer der Sprechzeit
e. ☐ Sprechimpuls

In der Prüfungsaufgabe 1 sollen Sie Informationen erfragen.

So geht's

Während des Hörens

1. Bearbeitungsschritt

Wichtige Informationen in der Situationsbeschreibung markieren

↳ Von der CD / Kassette hören Sie, wie lange die Vorbereitungszeit ist und wie viel Zeit Sie für Ihre Antwort haben. Diese Angaben stehen auch auf dem Aufgabenblatt.

↳ Dann hören Sie die Situationsbeschreibung. Diese steht auch auf dem Aufgabenblatt.

↳ Lesen Sie die Situationsbeschreibung auf dem Aufgabenblatt mit, während sie Ihnen vorgetragen wird. Markieren Sie dabei wichtige Informationen.

So könnten Ihre Markierungen aussehen:

> Auf einem Plakat in der Mensa haben Sie gelesen, dass das Institut für Interkulturelle Kommunikation eine Ausstellung mit Fotografien ausländischer Studierender plant. Sie möchten sich gerne daran beteiligen und rufen im Institut an.

↳ Dann hören Sie die Aufgabenstellung. Auch diese Angaben stehen auf dem Aufgabenblatt. Markieren Sie beim Hören, was genau Sie tun sollen.

30 Sekunden sind eine sehr kurze Vorbereitungszeit, so dass Sie keine Zeit haben, sich Notizen zu machen. Sie müssen versuchen, aus den markierten Textteilen eine passende Äußerung für diese erste Aufgabe zu formulieren.

Nach dem Hören

Ihre Anfrage in Gedanken formulieren

↳ In der kurzen Vorbereitungszeit überlegen Sie, wie Sie in Ihrer Anfrage die Textstellen, die Sie markiert haben, mit anderen Worten wiedergeben können. Dabei achten Sie darauf, den Einführungstext nicht noch einmal vorzulesen.

Ihre Antwort ins Mikrofon sprechen

3. Bearbeitungsschritt

↳ Sie antworten sofort nach dem Sprechimpuls.

Redemittel für Aufgabe 1:

> **Sich vorstellen**
> Guten Tag, mein Name ist (…).
> Guten Tag, ich heiße (…).
>
> **Grund des Anrufs nennen**
> Ich habe gehört / gesehen / gelesen, dass …
> Ich rufe an, weil …
> Der Grund meines Anrufs ist, dass ich …
>
> **Sich nach etwas erkundigen**
> Können Sie mir bitte sagen, wie / ob / welche Möglichkeiten es
>   gibt, …
> Ich würde gerne … An wen kann ich mich wenden?
> Was kann / muss ich tun, um …?

Tipp: Lernen Sie diese Redemittel auswendig! Sie können während des Tests in der kurzen Zeit nicht nach Formulierungen suchen.

➔ Formulieren Sie Ihre Anfrage hier einmal probeweise schriftlich.

....

....

CD 1, 16 ➔ Bearbeiten Sie nun die Prüfungsaufgabe 1, Beispiel 1, wie in den Bearbeitungsschritten 1 – 3 beschrieben. Verwenden Sie dabei die Redemittel aus dem Kasten.

Übung

CD 1, 17 ➔ Bearbeiten Sie nun Prüfungsaufgabe 1, Beispiel 2: Lesen Sie zuerst die Situationsbeschreibung und die Aufgabenstellung auf dem Aufgabenblatt. Hören Sie dann den Sprechimpuls von der CD. Sprechen Sie bis zum Signalton.

Wichtige Informationen in der Situationsbeschreibung markieren

1. Bearbeitungsschritt

Ihre Antwort in Gedanken formulieren

2. Bearbeitungsschritt

Nach dem Sprechimpuls Ihre Antwort ins Mikrofon sprechen

3. Bearbeitungsschritt

91

Aufgabe 1   Beispiel 2

Sie möchten als Ausgleich zum Lernen an einem Fitnesskurs des Sportinstituts Ihrer Hochschule teilnehmen. Sie haben aber nur an zwei Abenden in der Woche Zeit. Sie rufen beim Sportinstitut an und erkundigen sich nach den Möglichkeiten.

Stellen Sie sich vor.
Sagen Sie, warum Sie anrufen.
Fragen Sie nach den Angeboten von Fitnesskursen.

Sie: Vorbereitungszeit

Dagmar Meier: ...

Sie: Sprechzeit

Prüfungsaufgabe 2

Aufgabe 2

Beispiel 1

Sie sitzen mit Ihrem Kommilitonen Peter in der Mensa und unterhalten sich darüber, was man in Deutschland isst und wie man sich beim Essen benehmen muss. Peter fragt Sie nach den typischen Speisen und den Tischsitten in Ihrer Heimat.

Erzählen Sie Peter,
- **wie ein typisches Essen in Ihrer Heimat aussieht,**
- **wie diese Speisen gegessen werden (mit der Hand, mit Stäbchen usw . . .),**
- **welche Regeln man beim gemeinsamen Essen beachten muss.**

Sie: Vorbereitungszeit

...

Peter:

Sie: Sprechzeit

Mündlicher Ausdruck

In der Prüfungsaufgabe 2 sollen Sie über Ihr Heimatland berichten.

So geht's

Während des Hörens

1. Bearbeitungsschritt ## Wichtige Informationen in der Situationsbeschreibung markieren

↳ Bei Aufgabe 2 führen Sie den ersten Bearbeitungsschritt wie in Aufgabe 1 durch.

➲ Markieren Sie die wichtigen Informationen auf dem Arbeitsblatt.

Nach dem Hören

2. Bearbeitungsschritt ## Notizen machen

↳ Bei dieser Aufgabe haben Sie etwas mehr Vorbereitungszeit, so dass Sie sich auf dem Arbeitsblatt ein paar Notizen machen können. Aber: Schreiben Sie keine Sätze, dafür reicht die Zeit nicht. Notieren Sie lediglich einige wichtige Stichwörter, um danach flüssig sprechen zu können und nicht ins Stocken zu geraten, weil Sie vielleicht nach Wörtern „suchen".

➲ Notieren Sie einige Stichwörter für Ihre Antwort.

Typisches Essen: ....

....

Wie wird gegessen: ....

Regeln: ....

3. Bearbeitungsschritt ## Nach dem Sprechimpuls Ihre Antwort ins Mikrofon sprechen

Redemittel für Aufgabe 2:

> **Situation im Heimatland beschreiben**
> In meiner Heimat [… Name des Landes …] / In meinem
>   Heimatland [Name] …
> Ich komme aus (…). Dort / Bei uns ….
> In (…), wo ich herkomme, gibt es … / ist es so, dass … / sind ….

CD 1, 18 🎧 ➲ Bearbeiten Sie nun die Prüfungsaufgabe 2, Beispiel 1, wie in den Bearbeitungsschritten 1–3 beschrieben. Verwenden Sie dabei die Redemittel aus dem Kasten.

Übung

CD 1, 19 🎧 ➲ Bearbeiten Sie nun Prüfungsaufgabe 2, Beispiel 2. Lesen Sie die Aufgabenstellung. Hören Sie den Sprechimpuls von der CD.

Aufgabe 2

Sie sitzen mit Karin, einer Mitbewohnerin Ihrer Wohngemeinschaft, und ihrer Schwester am Küchentisch. Karins Schwester erzählt, dass sie noch immer bei den Eltern wohnt, obwohl sie schon arbeitet. Karin fragt Sie, wie die jungen Menschen in Ihrem Heimatland wohnen.

Sagen Sie Karin,
- **welche typischen Wohnformen es in Ihrem Heimatland gibt,**
- **wann man bei Ihnen normalerweise von zu Hause auszieht.**

Sie: Vorbereitungszeit

Karin: ...

Sie: Sprechzeit

Prüfungsaufgabe 3

Aufgabe 3   Beispiel 1

In Ihrem Landeskundeseminar geht es heute um die Auswanderung von Deutschen in ein anderes Land. Ihre Dozentin, Frau Wimmer, hat zwei Grafiken ausgeteilt, die zeigen, wie viele Deutsche auswandern und wohin sie gehen. Frau Wimmer bittet Sie, die Grafiken zu beschreiben.

Erklären Sie den anderen Kursteilnehmern zunächst den Aufbau der Grafiken. Fassen Sie dann die Informationen der Grafiken zusammen.

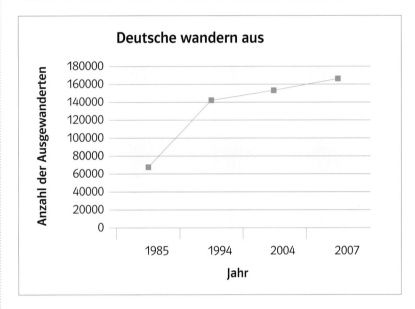

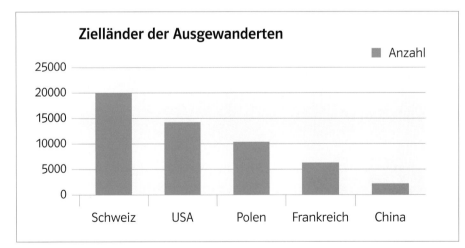

Nach: Inter-Grafik „Fernweh", 10.9.2008

Sie: Vorbereitungszeit

Frau Wimmer: ...

Sie: Sprechzeit

Mündlicher Ausdruck

In der Prüfungsaufgabe 3 geht es darum, eine Grafik zu beschreiben. In unserem Beispiel gibt es zwei Grafiken.

So geht's

Während des Hörens

1. Bearbeitungsschritt

Wichtige Informationen in der Situationsbeschreibung markieren

↳ Bei Aufgabe 3 führen Sie den ersten Bearbeitungsschritt wie in den Aufgaben 1 und 2 durch.

➲ Markieren Sie die wichtigen Informationen auf dem Arbeitsblatt.

Während des Hörens

2. Bearbeitungsschritt

Schlüsselwörter in der Aufgabenstellung markieren

↳ Sie haben eine Minute Vorbereitungszeit, deshalb müssen Sie sich schnell klarmachen, was Sie tun sollen.

➲ Markieren Sie die Schlüsselwörter in der Aufgabenstellung auf dem Aufgabenblatt.

➲ Was sollen Sie tun? Ergänzen Sie.

Ich soll ....

und ....

Nach dem Hören

3. Bearbeitungsschritt

Grafik(en) analysieren

↳ Verschaffen Sie sich schnell einen Überblick über den Aufbau der beiden Grafiken, indem Sie sich Fragen zu den Grafiken stellen.

➲ Beantworten Sie die Fragen.

Um welche Art von Grafik(en) bzw. Diagramm(en) handelt es sich?

Grafik 1: ....

Grafik 2: ....

Was ist jeweils das Thema?

Tipp: Die Antworten auf solche Fragen können Sie sich als Stichwörter auf Ihrem Aufgabenblatt notieren.

Grafik 1: ....

Grafik 2: ....

➲ Nennen Sie nun die Quelle der Grafiken in einem Satz.

....

↳ Anders als beim „Schriftlichen Ausdruck" können Sie hier nicht näher auf die beiden Grafiken eingehen. Dafür reicht Ihre Sprechzeit von 1 Minute und 30 Sekunden nicht aus. Das bedeutet, dass Sie sich auf das Wesentliche konzentrieren müssen und nur die Hauptinformationen nennen können.

↳ Zählen Sie keine einzelnen Daten auf, sondern nennen Sie lediglich wichtige Entwicklungen, z. B. eine Ab- bzw. Zunahme. Sie können aber auch „Eckdaten" nennen, d. h.: Sie erwähnen jeweils die kleinste und die größte Zahl.

Hauptinformation der Grafik(en) feststellen

4. Bearbeitungsschritt

➔ Notieren Sie die wichtigsten Informationen aus den beiden Grafiken.
Hauptinformation der Grafik 1:

....

Hauptinformation der Grafik 2:

....

Nach dem Sprechimpuls Ihre Antwort ins Mikrofon sprechen

5. Bearbeitungsschritt

↳ Im letzten Bearbeitungsschritt sprechen Sie Ihre Antwort.

➔ Formulieren Sie probeweise Ihre Antwort zu dieser Aufgabe schriftlich.

Redemittel für Aufgabe 3:

Thema nennen
Die erste / zweite Grafik zeigt (…) / informiert über (…) / stellt
    dar, (…).

Quelle nennen
Die Quelle ist (…).
Die Grafiken wurden von (…) herausgegeben / veröffentlicht.

Zahlen darstellen
Die Angaben erfolgen in absoluten Zahlen / in Prozent.
Die Zahl der (…) ist von (…) auf (…) gestiegen / gesunken.
Der Anteil des / der (…) beträgt / betrug (…) Prozent.
Der Anteil des / der (…) ist von (…) Prozent auf (…) Prozent
    gestiegen / gesunken.
Die Zahl der (…) hat sich von (…) auf (…) erhöht.
Der Anteil des / der (…) ist um (…) Prozent zurückgegangen.
Die meisten (…) / die wenigsten (…) sind / haben (…).

CD 1, 20 🎧 ➔ Bearbeiten Sie nun die Prüfungsaufgabe 3, Beispiel 1, wie in den Bearbeitungsschritten 1 – 5 beschrieben. Verwenden Sie dabei die Redemittel aus dem Kasten.

Übung

CD 1, 21 🎧 ➔ Bearbeiten Sie nun Prüfungsaufgabe 3, Beispiel 2. Lesen Sie die Aufgabenstellung. Hören Sie den Sprechimpuls von der CD.

Mündlicher Ausdruck

Aufgabe 3

Beispiel 2

In Ihrem Deutschkurs sprechen Sie über das Schulsystem in Deutschland. Ihr Kursleiter, Herr Hauber, hat eine Grafik verteilt, die die Entwicklung der Privatschulen in Deutschland zeigt. Herr Hauber bittet Sie, die Grafik zu beschreiben.

Erklären Sie den anderen Kursteilnehmern zunächst den Aufbau der Grafik. Fassen Sie dann die Informationen der Grafik zusammen.

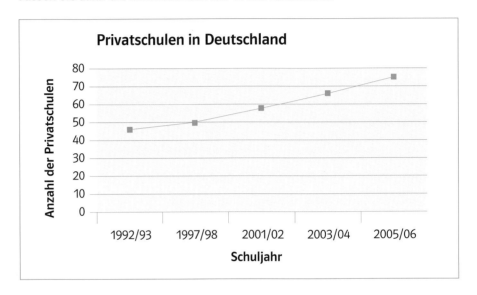

Sie: Vorbereitungszeit

Herr Hauber:

...

Sie: Sprechzeit

Prüfungsaufgabe 4

Aufgabe 4   Beispiel 1

An Ihrer Hochschule sind die Vorlesungen überfüllt, viele Studenten bekommen keinen Platz mehr. Die Hochschulleitung überlegt, wie man die Situation verbessern kann und hat deshalb eine Diskussionsveranstaltung zu diesem Thema organisiert. Ein Dozent schlägt vor, Vorlesungen nur noch über Internet zu übertragen, damit man sie zu Hause hören kann.
Sie möchten sich zu diesem Vorschlag äußern. Der Diskussionsleiter, Herr Professor Häuser, erteilt Ihnen das Wort.

Nehmen Sie Stellung zu dem Vorschlag, Vorlesungen nur noch über das Internet zu übertragen.
- **Wägen Sie die Vorteile und Nachteile dieses Vorschlags ab.**
- **Begründen Sie Ihre Zustimmung oder Ablehnung.**

Sie: Vorbereitungszeit

Herr Prof. Häuser: …

Sie: Sprechzeit

Mündlicher Ausdruck

In der Prüfungsaufgabe 4 sollen Sie zu einem Vorschlag Stellung nehmen.

So geht's

Während des Hörens

1. Bearbeitungsschritt

Wichtige Informationen in der Situationsbeschreibung markieren

↳ Im ersten Bearbeitungsschritt gehen Sie wie in den Aufgaben 1 bis 3 vor.

Nach dem Hören

2. Bearbeitungsschritt

Vorteile und Nachteile skizzieren

↳ Sie sollen Vor- und Nachteile abwägen. Deshalb haben Sie bei dieser Aufgabe drei Minuten Zeit, um sich auf die Antwort vorzubereiten.

↳ Denken Sie kurz über das Thema nach. Notieren Sie anschließend einige Stichworte, indem Sie auf dem Aufgabenblatt ein einfaches Schema für die Vor- und Nachteile skizzieren.
Zum Beispiel in dieser Form:

Vorteile	Nachteile
–	– ....
–	– ....
–	– ....

Welche Vorteile sehen Sie, wenn Vorlesungen nur noch über das Internet übertragen werden? Wo sehen Sie Nachteile?

➲ Notieren Sie Stichworte in die entsprechende Spalte oben.

3. Bearbeitungsschritt

Sich die eigene Meinung klarmachen

↳ Es ist wichtig, dass Sie Ihre persönliche Meinung zu diesem Vorschlag ausdrücken. Bewertet wird nicht, was Sie über diesen Vorschlag denken, sondern wie Sie Ihre Meinung formulieren.

➲ Machen Sie sich Ihre eigene Meinung klar: Stimmen Sie dem Vorschlag zu oder lehnen Sie ihn ab?

Ich ....

Von Ihrer Meinung hängt es ab, wie Sie Ihre Argumente anordnen.
- Wenn Sie der Meinung sind, der Vorschlag bringt mehr Vor- als Nachteile, dann nennen Sie zuerst die Nachteile und erst danach die Vorteile, um Ihre Meinung hervorzuheben.
- Wenn Sie aber mehr Nachteile sehen, dann nennen Sie zunächst einen Vorteil und anschließend die Nachteile.

Sie sollten auf jeden Fall mehr Argumente für Ihre eigene Meinung als für die Gegenmeinung haben.

Redemittel für Aufgabe 4:

Argumente abwägen
Einerseits …, andererseits …
Auf der einen Seite …, auf der anderen Seite …
Zum einen …, zum anderen …
Wenn auch …, so ist doch …

Argumente vergleichen
Wenn man … mit … vergleicht, dann …
Im Vergleich zu …
Beim Vergleich der Argumente …

Ablehnung
Es ist falsch, wenn …
Hier bin ich anderer Meinung. / Hierzu habe ich eine andere
   Meinung.
Diesem Argument kann ich nicht zustimmen, weil …
Dem muss ich entgegenhalten, dass …

Zustimmung
Dem stimme ich zu. Denn …
Ich bin derselben Meinung wie (…), weil …
Die Argumente für (…) / gegen (…) leuchten mir ein, weil …
Der Argumentation von (…) kann ich nur zustimmen, weil …
Der Meinung von (…) schließe ich mich an, denn …

Nach dem Sprechimpuls Ihre Antwort ins Mikrofon sprechen

4. Bearbeitungsschritt

➔ Versuchen Sie nun, Ihre Antwort in der angegebenen Zeit mündlich zu formulieren.

Tipp: Stoppen Sie Ihre eigene Sprechzeit, wenn Sie üben. Zum Beispiel mit Ihrem Handy. Achtung! Während des Tests sind Handys verboten.

CD 1, 22 ➔ Bearbeiten Sie nun die Prüfungsaufgabe 4, Beispiel 1, wie in den Bearbeitungsschritten 1 – 4 beschrieben. Verwenden Sie dabei die Redemittel aus dem Kasten.

Übung

CD 2, 1 ➔ Bearbeiten Sie nun Prüfungsaufgabe 4, Beispiel 2. Dafür müssen Sie jetzt die CD 2 einlegen. Lesen Sie die Aufgabenstellung. Hören Sie den Sprechimpuls von der CD.

Aufgabe 4   Beispiel 2

Auf einer Informationsveranstaltung Ihrer Hochschule wird beklagt, dass das Studium an einer Universität viel zu theoretisch sei. Ein Kommilitone schlägt deshalb vor, dass es Vorlesungen von Ingenieuren oder Managern aus Unternehmen geben sollte, die aus ihrer Arbeitspraxis berichten. Sie möchten sich zu diesem Vorschlag äußern. Die Diskussionsleiterin, Frau Dr. Liebig, erteilt Ihnen das Wort.

Nehmen Sie Stellung zu dem Vorschlag, Ingenieure oder Manager aus Unternehmen sollten in Vorlesungen aus ihrer Arbeitspraxis berichten.
– Wägen Sie die Vorteile und Nachteile dieses Vorschlags ab.
– Begründen Sie Ihre Zustimmung oder Ablehnung.

Sie: Vorbereitungszeit

Frau Dr. Liebig: ...

Sie: Sprechzeit

Prüfungsaufgabe 5

Aufgabe 5

Beispiel 1

Ihr Mitbewohner Marco studiert Informatik und hat sehr gute Noten. Er hat in den Ferien ein Praktikum gemacht, und die Firma bietet ihm nun einen festen Arbeitsplatz auch ohne Studienabschluss an. Andererseits hat Marco die Chance auf ein sehr gutes Examen. Marco fragt Sie, wofür er sich entscheiden soll.

Sagen Sie Marco, wozu Sie ihm raten.
- **Wägen Sie die Vorteile und Nachteile der beiden Möglichkeiten ab.**
- **Begründen Sie Ihre Meinung.**

Sie: Vorbereitungszeit

Marco:

...

Sie: Sprechzeit

Mündlicher Ausdruck

Bei der Prüfungsaufgabe 5 sollen Sie eine von zwei Möglichkeiten auswählen.

So geht's

↳ Die Bearbeitungsschritte sind dieselben wie bei Prüfungsaufgabe 4.

Aber, erinnern Sie sich: Die Situation bei Prüfungsaufgabe 4 ist eine Diskussionsveranstaltung im universitären Rahmen mit einem Thema, das im weiteren Sinne mit
Bildungspolitik zu tun hat. Deshalb ist die Aufgabe inhaltlich komplexer, und Sie haben
eine längere Vorbereitungszeit (3 Minuten) und eine längere Sprechzeit (2 Minuten).

In Prüfungsaufgabe 5 dagegen geht es um ein informelles Gespräch: Sie sollen einem
Freund einen Rat geben und dabei die Vorteile und Nachteile der beiden genannten
Möglichkeiten abwägen. In diese Situation kann man sich gut hineindenken.

Eine sehr gute Möglichkeit, einen Rat bzw. eine Empfehlung zu geben, ist
das Modalverb „sollen", das im Konjunktiv II stehen muss.

> **Mit dem Modalverb „sollen" einen Rat geben**
> Du solltest …
> Meiner Meinung nach solltest du …
> Ich meine / denke / finde, du solltest …
>
> Mit Verneinung:
> Du solltest … nicht …, sondern lieber / besser …
> Meiner Meinung nach solltest du …. nicht …. Besser wäre es, wenn du …
> Ich meine / denke / finde, du solltest … nicht … Besser wäre es, wenn…

Weitere Möglichkeiten, einen Rat zu geben:

> **Einen Rat geben**
> Ich finde / meine / denke, … ist die beste Lösung / ist der beste Weg.
> Ich würde dir raten, … [hier folgt ein Nebensatz mit ‚dass' oder ein Infinitiv
> mit ‚zu']
> An deiner Stelle würde ich…
> Wenn ich du wäre, würde ich…

Weitere Redemittel für Aufgabe 5:

> **Argumente abwägen**
> Einerseits …, andererseits …
> Auf der einen Seite …, auf der anderen Seite …
> Zum einen …, zum anderen …
> Wenn auch …, so ist doch …

CD 2, 2 🎧 ➲ Bearbeiten Sie nun die Prüfungsaufgabe 5, Beispiel 1, in denselben Bearbeitungsschritten wie Aufgabe 4. Verwenden Sie dabei die Redemittel aus dem Kasten.

Übung

CD 2, 3 🎧 ➲ Bearbeiten Sie nun Prüfungsaufgabe 5, Beispiel 2. Lesen Sie die Aufgabenstellung.
Hören Sie den Sprechimpuls von der CD.

Aufgabe 5

Ihre Freundin Simone möchte in den Sommerferien arbeiten. Sie überlegt, ob sie einen Job auf einer Ferieninsel annehmen soll, bei dem sie viel Geld verdienen kann. Oder, ob sie ein Praktikum macht, das nicht so gut bezahlt wird.

Sagen Sie Simone, wozu Sie ihr raten.
- **Wägen Sie die Vorteile und Nachteile der beiden Möglichkeiten ab.**
- **Begründen Sie Ihre Meinung.**

Sie: Vorbereitungszeit

Simone:

...

Sie: Sprechzeit

Prüfungsaufgabe 6

Aufgabe 6   Beispiel 1

In Ihrem Geografie-Seminar geht es heute um die Energieversorgung in Deutschland. Ihr Dozent, Herr Dr. Becker, hat eine Grafik ausgeteilt, die die Entwicklung von drei verschiedenen alternativen Energieformen zeigt: Wasserkraft, Windkraft und Biomasse (Pflanzen, Biomüll). Herr Dr. Becker bittet Sie, anhand der Grafik Ihre Überlegungen zu Gründen und Folgen dieser Entwicklung vorzutragen.

- Nennen Sie mögliche Gründe für die dargestellte Entwicklung.
- Stellen Sie dar, welche Auswirkungen Sie für die Zukunft erwarten.
- Verwenden Sie dabei die Informationen der Grafik.

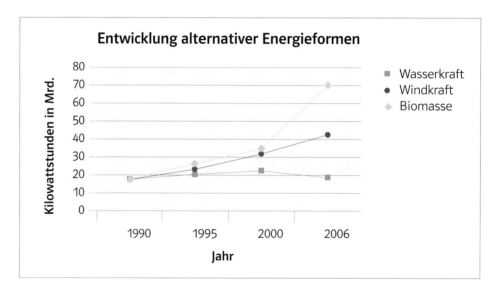

Entwicklung alternativer Energieformen

(Kilowattstunden in Mrd. / Jahr: 1990, 1995, 2000, 2006 — Wasserkraft, Windkraft, Biomasse)

Sie: Vorbereitungszeit

03:00

Herr Dr. Becker: ...

Sie: Sprechzeit

02:00

In Aufgabe 6 sollen Sie sich zu einem bestimmten Thema äußern.

Eine Grafik ist die Gesprächsgrundlage. Allerdings sollen Sie hier nicht wie in Aufgabe 3 die Grafik beschreiben, sondern Vermutungen (Gründe, zukünftige Entwicklung) zu dem dargestellten Sachverhalt äußern.

So geht's

Während des Hörens

Im Einleitungstext wichtige Informationen markieren

1. Bearbeitungsschritt

↳ Im Einleitungstext werden bereits die wichtigsten Inhalte der Grafik genannt.

◉ Markieren Sie die wichtigen Informationen im Einleitungstext.

> In Ihrem Geografie-Seminar geht es heute um die Energieversorgung in Deutschland. Ihr Dozent, Herr Dr. Becker, hat eine Grafik ausgeteilt, die die Entwicklung von drei verschiedenen alternativen Energieformen zeigt: Wasserkraft, Windkraft und Biomasse (Pflanzen, Biomüll). Herr Dr. Becker bittet Sie, anhand der Grafik Ihre Überlegungen zu Gründen und Folgen dieser Entwicklung vorzutragen.

Nach dem Hören

Inhalt der Grafik klären

2. Bearbeitungsschritt

↳ Sie machen sich die Grafik klar: Sie stellen sich folgende Frage.

◉ Was ist die Hauptinformation? Notieren Sie Stichworte.

....

Gründe überlegen

3. Bearbeitungsschritt

↳ Sie stellen sich folgende Fragen.
Welche Gründe könnte es (meiner Meinung nach) für den dargestellten Sachverhalt, in diesem Fall die Entwicklung alternativer Energieformen, geben?

◉ Notieren Sie Stichworte.

....

Wie wird sich (meiner Ansicht nach) diese Entwicklung in Zukunft darstellen?

◉ Notieren Sie Stichworte.

....

Nach dem Sprechimpuls Ihre Antwort ins Mikrofon sprechen.

4. Bearbeitungsschritt

↳ Sie äußern Ihre Vermutungen zum Thema: Gründe, Auswirkungen für die Zukunft.

Mündlicher Ausdruck

➡ Formulieren Sie hier probeweise Ihre Antwort.

Meine Vermutungen:

....

....

....

....

....

Redemittel für Aufgabe 6:

> **Vermutungen ausdrücken**
> Es könnte sein, dass …
> Ich vermute / glaube / nehme an / denke, dass …
> Ich gehe davon aus, dass …
> Ich kann / könnte mir vorstellen, dass …
> (…) wird wohl in Zukunft … [Futur I + *wohl*]
>
> **Adverbien zum Ausdruck der Vermutung**
> vielleicht
> eventuell
> wahrscheinlich
> vermutlich
> möglicherweise

CD 2, 4 🎧 ➡ Bearbeiten Sie nun die Prüfungsaufgabe 6, Beispiel 1, in den Bearbeitungsschritten 1 – 4. Verwenden Sie dabei die Redemittel aus dem Kasten.

Übung

CD 2, 5 🎧 ➡ Bearbeiten Sie nun Prüfungsaufgabe 6, Beispiel 2. Lesen Sie die Aufgabenstellung. Hören Sie den Sprechimpuls von der CD.

Aufgabe 6

Beispiel 2

In Ihrem Soziologieseminar sprechen Sie heute über die Entwicklung der Familien in Deutschland. Ihre Dozentin, Frau Dr. Müller-Liebig, hat eine Grafik zu diesem Thema verteilt. Die Grafik zeigt, wie sich die Anzahl der Personen pro Familie in den letzten hundert Jahren verändert hat. Frau Dr. Müller-Liebig bittet Sie, Überlegungen zu den Gründen für die gezeigte Entwicklung und zu möglichen Folgen vorzutragen.

- Nennen Sie mögliche Gründe für die Entwicklung der Familiengröße.
- Stellen Sie mögliche zukünftige Auswirkungen für die Gesellschaft dar.
- Beziehen Sie bei Ihren Überlegungen die Informationen der Grafik ein.

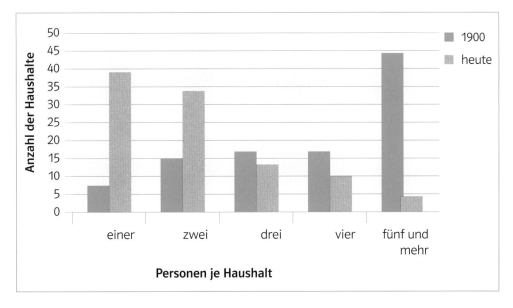

Sie: Vorbereitungszeit

Frau Dr. Müller-Liebig: ...

Sie: Sprechzeit

Mündlicher Ausdruck

Prüfungsaufgabe 7

Aufgabe 7

Beispiel 1

Ihre Studienfreundin Maren sucht ein neues Zimmer. Sie hat zwei Angebote bekommen. Das eine Zimmer ist in einer Wohngemeinschaft und sehr günstig. Das andere Zimmer ist etwas teurer, dafür aber ist es sehr ruhig und liegt in der Nähe eines Parks. Maren überlegt, welches Zimmer sie nehmen soll.

Sagen Sie Maren, zu welchem Zimmer Sie ihr raten.
Begründen Sie Ihre Meinung.

Sie: Vorbereitungszeit

...

Maren:

Sie: Sprechzeit

In der Prüfungsaufgabe 7 sollen Sie Alternativen abwägen und einer Freundin einen Rat geben.

Die Bearbeitungsschritte sind ähnlich wie in den vorangegangenen Aufgaben. Aber die Vorbereitungszeit und die Sprechzeit sind relativ kurz.

So geht's

Während des Hörens

Im Einleitungstext wichtige Informationen markieren

1. Bearbeitungsschritt

↳ Sie markieren, worum es geht.

Sich eine eigene Meinung bilden

2. Bearbeitungsschritt

↳ Sie überlegen sich, welches Angebot Sie besser finden.

➲ Welches Zimmer würden Sie nehmen? Notieren Sie.

Ich würde ....

Vorschlag begründen / Kurze Notizen machen

3. Bearbeitungsschritt

↳ Sie notieren in Stichworten die Gründe für Ihre Entscheidung auf dem Aufgabenblatt.

➲ Notieren Sie.

1. ....

2. ....

Nach dem Sprechimpuls ins Mikrofon sprechen

4. Bearbeitungsschritt

↳ Sie geben Ihrer Freundin einen Rat.

Redemittel für Aufgabe 7:

> **Jemandem einen Rat geben**
> An deiner Stelle würde ich ...
> Wenn ich an deiner Stelle wäre, ... / Wenn ich du wäre, würde ich ....
> Du solltest ... / Ich meine, du solltest ...
> Ich rate dir, ...
> Ich würde dir raten, ...
> Wenn du mich fragst, solltest du ... / wäre es gut / besser, wenn ...

CD 2, 6 ➲ Bearbeiten Sie nun die Prüfungsaufgabe 7, Beispiel 1, in den Bearbeitungsschritten 1–4. Verwenden Sie dabei die Redemittel aus dem Kasten.

Übung

CD 2, 7 ➲ Bearbeiten Sie nun Prüfungsaufgabe 7, Beispiel 2.

Aufgabe 7   Beispiel 2

Ihr ausländischer Kommilitone Pablo möchte gern in einem Verein Fußball spielen.
Er könnte in einem Verein ausländischer Studenten mitspielen oder in einem Verein
aus dem Stadtteil, in dem die Hochschule liegt. Dort sind überwiegend Deutsche in
der Mannschaft. Pablo überlegt, bei welchem Verein er spielen soll.

Sagen Sie Pablo, zu welchem Verein Sie ihm raten.
Begründen Sie Ihre Meinung.

Sie: Vorbereitungszeit

...

Pablo:

Sie: Sprechzeit

Lösungen und Kommentare: Übungsteil

Leseverstehen 1

Sie suchen ein passendes Angebot. (→ S. 10)

Item	Lösung	Kommentar
1	G	Wichtige Schlüsselwörter, die auf die Lösung hinweisen, sind in diesem Text: „Stress", „Angst" und „Entspannung".
2	C	Im Übungsteil wurde bereits erklärt (S. 7/8), warum Kurztext C zu Item 2 passt: Die Schlüsselwörter „schüchtern" und „beim Sprechen sicherer werden" im Item kommen zwar im Text nicht wortwörtlich vor, ihnen entsprechen aber die Aussagen „leise sprechen", „Probleme mit der Aussprache haben" im Kurztext. Statt „Phonetik" (Item) steht im Text „Aussprache".
3	E	„sich besser organisieren" bedeutet hier: mit der Zeit richtig umgehen; „sinnvolle Zeiteinteilung" ist dafür auch wichtig. Deshalb ist E hier der richtige Kurztext.
4	I	Es gibt keinen Text, in dem es um Porträtaufnahmen geht.
5	D	Um in einen „berühmten" Chor aufgenommen zu werden, muss man gut singen können. Deshalb wird Ihre Bekannte „Gesangsunterricht" nehmen.
6	F	Hier möchte jemand „Familie" und „Studium" miteinander vereinbaren. Also passt „Haushaltsplanung" zu diesem Item.
7	B	„Flora" und „Fauna" sind hier die Schlüsselwörter, weil Ihr Kommilitone „Blumen" und „Insekten" fotografieren möchte.
8	H	Hier sind die Schlüsselwörter „in kurzer Zeit" im Item und „Crash-Kurs" im Kurztext wichtig. Das heißt, jemand möchte sehr schnell wichtige Informationen erhalten.
9	I	Im Übungsteil wurde bereits erklärt, warum der Kurztext A zu Item (02) passt. Item 9 passt nicht, weil Ihre Bekannte Yoga „kennen lernen" möchte, im Text aber von einem „Aufbaukurs" für Fortgeschrittene die Rede ist.
10	I	Es gibt keinen Kurztext, in dem etwas über gemeinsames Musizieren steht. Einmal wird in einem der Texte die „Stimme" als „Instrument" bezeichnet. Das hat aber nichts mit Musizieren zu tun. Also gibt es hier keine passende Lösung.

Zusätzliche Übungsaufgabe zum Leseverstehen 1

Sie suchen ein passendes Angebot. (→ S. 15)

Item	Lösung	Kommentar
1	H	Schlüsselwort ist „Foto-AG". Im letzten Satz des Kurztextes steht, dass man „Spaß am Fotografieren" haben soll. Dies ist in anderen Worten ausgedrückt, dass man gerne fotografiert.
2	B	Schlüsselwort, das auch im Item vorkommt, ist „Stress". Da Prüfungen zum Studium gehören und man durch Yoga Ruhe finden (= sich entspannen) kann, gehört dieser Text zu Item (2).
3	E	Schlüsselwörter im Item sind „im Freien" und „Bewegung". Der Text spricht von Bewegung, womit Laufen gemeint ist. Da man dies im Freien macht, ist E hier richtig. D ist falsch: Zwar ist auch in diesem Text von der „frischen Luft" die Rede, doch kommt mit „lernen" ein Schlüsselwort hinzu, das keinen Bezug im Item hat.
4	I	In mehreren Texten ist von der Begegnung mit anderen Menschen die Rede, aber in keinem Text wird von „diskutieren" gesprochen. Damit ist ein Streitgespräch über ein bestimmtes Thema gemeint. Es gibt also keinen passenden Text zu Item (4).
5	F	Kochen ist eine alltägliche Tätigkeit. Der Kurs soll genau das vermitteln: „jeden Tag zuhause ein gutes Essen zubereiten". Und dass man neue Bekanntschaften machen kann, entspricht dem Schlüsselwort „kennen lernen" im Item.

6	D	Das Schlüsselwort „Umgebung der Stadt" aus dem Item findet sich im Text wieder: „aus der Stadt rauskommen". Man lernt Orte und Sehenswürdigkeiten außerhalb der Stadt, also in ihrer Umgebung, kennen.
7	I	Kein Text sagt etwas über „Theater". In Text C ist zwar von Rollenspielen die Rede, doch ist damit eine bestimmte Form von Gesellschaftsspielen gemeint.
8	G	Schlüsselwörter im Item sind „Gitarre" und „Gruppe". Im Text G steht, dass das Hochschulorchester neue Gruppen gründen will und dass es nicht Geige oder Trompete sein muss, d.h.: Auch Leute, die Gitarre spielen, können sich melden.
9	C	Rollenspiele sind eine Form von Gesellschaftsspielen. Dies erkennt man an der Aussage: „Bei dieser Spielform bewegst Du keine Figuren auf einem Brett, sondern spielst die Rolle einer fremden Person, löst Aufgaben und sammelst Punkte. Und in netter Gesellschaft …"
10	I	In keinem Text wird etwas über „Tänze" gesagt.

Leseverstehen 2

Denken Männer und Frauen anders? (S. 18)

Item	Lösung	Kommentar
11	C	Im Text heißt es: „In 80 Prozent der untersuchten Eigenschaften sind die Fähigkeiten der beiden Geschlechter ähnlich."
12	C	Der Text spricht im dritten Abschnitt davon, dass manche Unterschiede nur existieren, wenn man sie den Menschen einredet. Das heiß, man sagt jemandem, dass er schlecht in Mathematik sei und er glaubt daran. Dann ist er auch wirklich schlecht. Im Text heißt es dann, „dass Frauen nur dann in mathematischen Tests schlechter abschneiden, wenn man ihnen vorher sagt, dass sie bekanntlich weniger Begabung dafür hätten." ‚Einreden' und ‚vorher sagen' meinen hier dasselbe.
13	A	Ein zentrales Wort im vierten Abschnitt ist „Raumorientierung". Das Hormon Testosteron helfe Männern dabei, besser Karten lesen und geometrische Figuren im Kopf drehen zu können. Das ist Raumorientierung.
14	A	Männer konnten in einem Versuch kreativere Kurzgeschichten schreiben, wenn sie an eine attraktive Frau – also an etwas Schönes – dachten.
15	B	Positive Signale von anderen Menschen sind z.B. Sympathie oder positive Bewertungen. Beides wird im Text genannt. Zwar heißt es, dass Mädchen besorgter als Jungen sind, aber dies hat keinen Zusammenhang mit den Depressionen. Dass Mädchen häufiger abgelehnt werden, steht so nicht im Text.
16	C	Nur C kann richtig sein, denn Männer setzen die Zellkörper ein, Frauen die Zellausläufer. Das sind verschiedene Teile der Zelle.
17	A	Im Text heißt es, dass Männer Probleme dadurch lösen, dass sie sich hartnäckig in sie verbeißen. Diese Redewendung (sich in etwas verbeißen) meint, dass Männer nur auf dieses Problem konzentriert sind.
18	C	Führungsaufgaben sind z.B. das „Leiten von großen Industrieunternehmen und sozialen Gemeinschaften".
19	A	Der letzte Abschnitt beginnt mit dem Satz: „Der Unterschied im Verhalten der Geschlechter ist nicht nur eine Sache der Erziehung." Es gibt also noch einen weiteren Faktor. Dann wird von einem Experiment mit Affenbabys berichtet, die sich Spielzeuge wie Menschenbabys heraussuchen. Das Verhalten ist also angeboren und damit in den Genen enthalten.
20	C	Wir wissen aus dem Text, dass 80% der Fähigkeiten beider Geschlechter ähnlich sind. Aber wir erfahren auch, dass es Unterschiede in den Bereichen Raumorientierung, Einfühlungsvermögen und Problemlösung gibt. Damit ist die Aussage „nur in einigen mentalen Fähigkeiten unterscheiden" richtig.

Leseverstehen 2, Übung 1

Schlüsselwörter, Hauptaussagen und Gesamtaussage (S. 25)

Aufgabe	Lösung
2	b ist richtig
3	Gesamtaussage: Gesten für Freude über einen Sieg und Trauer bei einer Niederlage sind bei blinden und bei sehenden Menschen gleich und daher angeboren.
4	Kanadische Forscher haben in einer Studie <u>Fotos von Athleten analysiert</u>, die an den Olympischen und den Paralympischen Spielen im Jahr 2004 teilgenommen hatten. Dabei <u>verglichen</u> die Wissenschaftler <u>Gestik und Körpersprache von Judokämpfern</u> aus über 30 verschiedenen Ländern, die <u>entweder von Geburt an blind</u> waren, <u>im Lauf ihres Lebens erblindet</u> waren oder <u>normal sehen konnten</u>. Bei ihrer Untersuchung werteten die Wissenschaftler <u>15 Sekunden lange Bilderserien</u> aus, die von einem offiziellen Fotografen unmittelbar nach jedem Kampf aufgenommen worden waren. So <u>konnten sie die Reaktionen der Sportler sekundengenau beobachten</u> und dabei die <u>typischen Positionen von Kopf, Armen und Körper analysieren</u>.
5	Sehende Athleten: Gefühle je nach Herkunftsland unterschiedlich stark; blinde Athleten: unabhängig von ihrer Herkunft vergleichbare Reaktionen.
6	Sieg: „… rissen die Arme in die Höhe, dehnten ihre Brust und warfen den Kopf nach hinten." (gleiches Verhalten) Niederlage: „… verbargen die Verlierer häufig ihr Gesicht und ließen die Schultern hängen, so dass ihre Brust schmaler wirkte." (gleiches Verhalten)

Leseverstehen 2, Übung 2: Zusätzliche Übungsaufgabe

Megacitys: Wo Milliardengeschäfte und Überlebenskampf Nachbarn sind (S. 26)

Item	Lösung	Kommentar
(0)	B	Im Text heißt es: Eine Megacity hat entweder mehr als 10 Millionen Einwohner oder aber eine Bevölkerungsdichte von mehr als 2.000 Menschen pro Quadratkilometer. Sie muss nicht offiziell anerkannt werden (A ist also falsch) und die große Ausdehnung ist kein Kriterium (C ist falsch).
11	A	Im Text steht: „In Deutschland dagegen gibt es zwar keine Riesen-Metropolen, aber eine Vielzahl kleinerer Städte gleichberechtigt nebeneinander". Das bedeutet: Die Hauptform der Städte in Deutschland sind kleinere Städte.
12	C	Der zweite Abschnitt berichtet über die „Verdichtung im Zusammenleben", womit das enge Zusammenleben gemeint ist. Dann wird gesagt, dass dies für kurze Wege sorge, womit die Nähe zur Infrastruktur gemeint ist.
13	C	Hier ist C richtig, denn im Text steht: „Doch die Zahlen sind regelmäßig falsch, <u>denn bestimmte Faktoren</u>, wie z. B. unvorhergesehene Wanderungsbewegungen, <u>können nicht berücksichtigt werden</u>."
14	A	Nach dem Schlüsselwort „attraktiver" erfährt man, dass es in Megacitys einen „besseren Zugang zu Lebensmitteln und medizinischer Versorgung" gibt (= gutes Leben) sowie „mehr Jobs und größere Chancen auf eine Ausbildung" (= Einkommen).
15	B	Zwar werden im fünften Abschnitt die Stadtplaner und Soziologen genannt, doch es wird auch gesagt, dass es in den Slums eine Selbstorganisation gebe. Entscheidend ist das Verweiswort im folgenden Satz: „<u>Diese</u> Strukturen (= die Selbstorganisation) ziehen immer mehr das Interesse von Stadtplanern und Soziologen auf sich."
16	C	Die Aussage C, ein Kind in der Stadt zu haben, sei teurer als auf dem Land, entspricht dem Satz im Text: „Denn in der Stadt ist die <u>finanzielle Belastung</u> durch ein Kind relativ betrachtet größer (= teurer) als auf dem Land."
17	C	Die Antwort findet sich in folgendem Satz: „In einigen Megacitys spielt Geld dabei scheinbar keine Rolle, während in anderen kaum das Überleben der Menschen gesichert ist." D. h. neben reichen Megacitys gibt es solche, die über wenig finanzielle Mittel verfügen. Daraus folgt: Der Wohlstand ist nicht gleich verteilt.

Lösungen

18	B	„Forscher vor allem auch aus Deutschland versuchen daher, für jede Stadt die optimale Strategie zu finden, damit diese sich mit ihren speziellen Bedürfnissen und Problemen weiter entwickeln kann." Aus diesem Satz kann man herauslesen, dass die Forscher den besten (= optimalen) Weg für die Zukunft (= weiterentwickeln) suchen. Alle Probleme können sie nicht lösen, es heißt ja, die Stadt soll sich mit ihren Problemen weiterentwickeln (A falsch). Das Wort „optimal" gehört zu „Strategie", also dem Weg, und nicht zu „Stadt" (C falsch).
19	C	Um dieses Item lösen zu können, muss man wissen, was „Dezentralisierung" heißt. Denn im Text steht: „Sie empfehlen den Weg der Dezentralisierung". Das bedeutet hier: Statt einigen Megacitys sollte es mehr mittelgroße Städte geben.
20	C	Da sich das Item auf den ganzen Text bezieht, sind A und B falsch, denn diese Aussagen beziehen sich nur auf einen bestimmten Aspekt der Darstellung. Im ganzen Text wird aber von den Gefahren der Megacitys, aber auch von ihren Chancen für die Menschen gesprochen.

Leseverstehen 3

Chronobiologie: Wenig Schlaf kann dick machen (S. 30)

Item	Lösung	Kommentar
(01)	Nein	Der Hypothalamus ist die Region im Gehirn, in der sich die innere Uhr befindet.
(02)	Text sagt dazu nichts	Der Text nennt Ergebnisse der Forschung der Chronobiologie, aber nicht, welche Aufgaben diese Wissenschaft hat.
21	Ja	Im ersten Satz des zweiten Abschnitts steht, dass die Eiweißstoffe auf eine Lichtänderung reagieren. Wie diese Reaktion aussieht, erfährt man aus dem folgenden Satz: Dort heißt es, sie werden bei Sonnenaufgang „vermehrt" und abends „zerstört", wodurch sie weniger werden. Daraus folgt: Die Menge wird verändert.
22	Nein	Die Eiweiße erkennen den Wechsel von Tag und Nacht. Die Uhrgene sind dann verantwortlich für die körperlichen Reaktionen.
23	Ja	Entscheidend ist die Aussage: „… dass die innere Uhr sogar bestimmt, wie die Nahrung verwertet wird …". Wer etwas bestimmt, hat Einfluss; „verwerten" ist ein Synonym für „verarbeiten".
24	Ja	Während des Experiments fraßen die Mäuse mehr und „legten um mehrere Gramm zu", d. h. ihr Gewicht vergrößerte sich, also wurden sie dicker.
25	Nein	Bei diesem Item muss man die Negation beachten: Im Item wird gesagt, dass man nicht zunimmt. Im Text dagegen steht, dass man „selbst bei kleinen Portionen im wörtlichen Sinn über Nacht zunimmt."
26	Ja	Wichtige Körperstoffe sind „Verdauungsenzyme" und „Botenstoffe". Diese werden „im Takt" der inneren Uhr mehr bzw. weniger, d. h.: Die Veränderungen der inneren Uhr regeln die Menge der Körperstoffe.
27	Text sagt dazu nichts	Im Text ist zwar davon die Rede, dass Schlaflose „sich ständig hungrig fühlen" und dass mehr Nährstoffe gelagert werden. Mit Essgewohnheiten ist jedoch gemeint, was, wann und wie man isst. Darüber wird im Text nicht gesprochen.
28	Ja	Schichtarbeiter arbeiten in einem bestimmten Rhythmus zu verschiedenen Zeiten (z. B. eine Woche am Tag, eine Woche in der Nacht). Wir erfahren aus dem Text, dass diese Menschen leicht zuckerkrank werden oder Herz-Kreislauf-Erkrankungen bekommen.
29	Nein	Im Text steht, dass der „kausale Zusammenhang zwischen der inneren Uhr und dem Stoffwechsel noch Gegenstand der Forschung" sei, d. h.: Dieser Zusammenhang ist noch nicht erforscht und deshalb auch nicht bekannt.
30	Ja	Am Ende des Textes wird als Forschungsergebnis der Chronobiologen erklärt, dass geregelte Mahlzeiten der inneren Uhr helfen und ungeregelte sie durcheinander bringen. Auch wenn es nicht wörtlich im Text steht, kann man schließen, dass die Chronobiologen die geregelten Mahlzeiten empfehlen werden.

Leseverstehen 3, Übung 1

Implizite Informationen erkennen (S. 39)

Aufgabe	Lösung	Kommentar
4a	Nein	Diese Aussage ist falsch. Dozenten werden noch gebraucht, um Freitextaufgaben zu bewerten.
4b	Ja	Der Text sagt nicht, dass das Programm keine Fehler macht. Wenn „die Eingaben aufgehoben werden, um gegebenenfalls Fehler nachzuprüfen", rechnet man also mit der Möglichkeit von Fehlern.
4c	Nein	Im Text heißt es: „Dass der E-Klausur die Zukunft gehört, ist eine unverrückbare Tatsache". Daraus ist zu schließen, dass dem Papier keine Zukunft gehört und Klausuren auf Papier verschwinden werden.

Leseverstehen 3, Übung 2: Zusätzliche Übungsaufgabe

Medizin aus dem Frosch (S. 40)

Item	Lösung	Kommentar
(01)	Ja	Im ersten Abschnitt steht, dass „sich der Verlust einer unscheinbaren Art fatal auswirken kann", d. h.: „negative Auswirkungen" für den Menschen hat.
(02)	Text sagt dazu nichts	Am Anfang des zweiten Abschnitts steht zwar im Text, dass die Artenvielfalt eine wichtige Rolle für die menschliche Gesundheit spielt, aber nichts darüber, ob die Menschen früher gesünder waren.
21	Nein	Diese Aussage stimmt nicht, weil im Text steht, dass „ die Erforschung der Auswirkungen der Artenvielfalt auf neue Medikamente zumeist ignoriert werde".
22	Text sagt dazu nichts	Im Text wird zwar gesagt, dass das Abwehrsystem der Amphibien „hoch entwickelt" ist, aber nicht, dass es das beste Abwehrsystem aller Tierarten ist.
23	Nein	Im darauffolgenden Satz findet man die Aussage, dass die Substanzen dieses Abwehrsystems „heute noch unbekannt" sind. Deshalb ist diese Aussage nicht richtig.
24	Ja	Die Tierklasse der Amphibien ist „am stärksten gefährdet".
25	Ja	Im ersten Satz des vierten Abschnitts finden Sie die Lösung: „Das Sterben … ist … direkt auf die Aktivität des Menschen zurückzuführen". Das heißt: Die Menschen sind verantwortlich.
26	Ja	Amphibien brauchen sehr spezielle Lebensräume, in denen sich die Bedingungen nicht stark verändern dürfen.
27	Nein	Das Immunsystem bricht nicht zusammen, wenn sie sich an neue Bedingungen anpassen, sondern, wenn die Bedingungen so schlecht werden, dass sie sich nicht mehr anpassen können.
28	Nein	Man kann im Verdauungstrakt des Krallenfrosches eine Substanz finden, die ein bestimmtes Bakterium zerstören kann, aber er „ernährt" sich nicht von diesem Bakterium. Diese Aussage ist also falsch.
29	Ja	Morphium ist ein international bekanntes Medikament, das Schmerzen lindern kann. Man hat in einer Schnecke einen Wirkstoff gefunden, der tausendmal so stark wirkt.
30	Text sagt dazu nichts	Am Ende des Textes wird zwar auch über Bären gesprochen, aber es wird nicht erwähnt, ob man diese Tiere in Zukunft besser schützen möchte.

Lösungen

Hörverstehen 1

CD 1, 1 🎧 **Hörtext 1: Der Arbeitsurlaub (S. 46 / 166)**

1	*am Strand*
2	*Man lernt interessante Menschen kennen. / Man macht etwas Sinnvolles.*
3	*durch einfache Arbeiten / er misst Entfernungen / er schaufelt Gegenstände frei / er fotografiert*
4	*Interesse für Geschichte*
5	*Nachbar der Eltern hat davon erzählt*
6	*Zimmer und Essen*
7	*Viele Leute melden sich an und kommen dann nicht.*
8	*auf der ganzen Welt*

Kommentar

Bei der Hörverstehensaufgabe 1 gibt es meist kurze, einfache Antworten (1, 4, 6, 8), die nicht unbedingt als ganzer Satz formuliert werden müssen.

Manchmal enthält der Text aber auch mehrere Möglichkeiten wie z. B. bei Item 3.

↳ Sie hören:

„Wir helfen dann einem Archäologen und machen einfache Arbeiten, die den Fachmann nur viel Zeit kosten. Zum Beispiel müssen wir Gegenstände in der Erde freischaufeln, Entfernungen messen oder fotografieren."

Die Antwort lautet eigentlich: *einfache Arbeiten machen*

Wenn Sie die Beispiele erwähnen, wird dies auch akzeptiert:

– *Gegenstände in der Erde freischaufeln*
– *Entfernungen messen*
– *fotografieren*

Sie können die Aussagen im Infinitiv übernehmen oder in der 3. Person Singular formulieren:

– *Er schaufelt Gegenstände in der Erde frei.*
– *Er misst Entfernungen.*
– *Er fotografiert.*

Hörverstehen 1, Übungen 1: kurze Notizen machen

CD 1, 2 🎧 **Hörtext 2: Die Akupunktur (S. 49 / 166)**

1. *Sie muss bei einer Blumenwiese niesen / Niesen bei Blumenwiese*
2. *eine / nur eine*
3. *von Ulla / von einer Freundin*
4. *Energiebahn ist blockiert*
5. *Blockade lösen*
6. *Ohr, Gesicht, Kopf, Hände*
7. *Spaziergang über die Wiesen*

Hörverstehen 1, Übung 2: Zusätzliche Übungsaufgabe

 CD 1, 3 **Hörtext 3: In der Cafeteria – Das Praktikum (S. 50 / 167)**

1	*acht Wochen*
2	*wird (vom Kaffee) nervös*
3	*im letzten Monat*
4	*Operation an den Knochen*
5	*Geräte einstellen, Patienten beim Training helfen*
6	*Therapeuten sind dabei / Sie kann Therapeuten fragen / Therapeuten können helfen und korrigieren*
7	*Badeabteilung*
8	*Tag der offenen Tür*

Kommentar

Bei einigen Items gibt es nur eine einzige Antwortmöglichkeit. Z. B. bei Item 1.

↳ Sie hören:

„Und ich kann das Ganze in den Semesterferien machen, also die vorgeschriebenen acht Wochen an einem Stück. Das ist doch super, oder?"

Das Schlüsselwort „vorgeschrieben" entspricht dem Wort „muss" im Item. Die Antwort ist also kurz: *acht Wochen*.

Bei Item 6 gibt es mehrere Möglichkeiten.

↳ Sie hören:

„Ich arbeite ja nicht allein mit den Patienten. Natürlich sind immer ausgebildete Therapeuten im Raum, die ich fragen kann und die helfen und korrigieren können."

Die erwartete Antwort ist: ... *immer ausgebildete Therapeuten im Raum*.

Man wird aber auch Antworten akzeptieren, die sich auf die Therapeuten beziehen:

– *Sie kann Therapeuten fragen.*

– *Therapeuten können helfen und korrigieren.*

Hörverstehen 2

CD 1, 7 **Hörtext 4: Computerspiele an der Hochschule (S. 52 / 168)**

In der folgenden tabellarischen Übersicht können Sie die Formulierungen in den Items und die entsprechenden Textstellen vergleichen.

Die Markierungen in den Items zeigen Ihnen die Hauptinformationen. Überprüfen Sie die Lösung, indem Sie den Hörtext noch einmal hören oder / und die Transkription des Hörtextes lesen. Die Textauszüge erleichtern Ihnen das Finden der richtigen Textstellen. Auf diese Weise können Sie üben, die feinen Unterschiede zwischen den Formulierungen zu erkennen.

	Item	Richtig	Falsch	Textauszug / Kommentar
(0)	In Deutschland kann man das Fach „Computerspiele" studieren.	X		*„Sie untersuchen z.B. die Wirkung auf Jugendliche, aber es gibt auch schon den ersten Studiengang ‚Computerspiele' in Deutschland."* **Kommentar** Das Wort „Studiengang" weist darauf hin, dass man „Computerspiele" studieren kann.

Lösungen

	Item	Richtig	Falsch	Textauszug / Kommentar
9	Professor Kaminski erforscht, <u>warum</u> man <u>Computerspiele</u> spielt.		X	*„Also, wir spielen an unserem Institut alle Arten von Computerspielen. Wir wollen dabei herausfinden, welche Inhalte die Spiele haben. Wichtig ist natürlich auch, unter welchen Bedingungen jemand ein Computerspiel spielt und welche möglichen Auswirkungen ein Spiel auf den Spieler haben kann."* **Kommentar** Der Text spricht davon, dass man versucht, Folgendes zu erforschen: – Inhalte der Spiele – Bedingungen, unter denen man spielt. Damit ist gemeint: Zeit, Ort, Kosten. <u>Warum</u> man spielt, ist keine Bedingung.
10	„Spielraum" ist ein <u>Institut der Spielehersteller</u>.		X	*„Bei Spielraum machen Wissenschaftler und Pädagogen mit, aber auch Vertreter der Spielehersteller, die das Projekt finanziell unterstützen. Aber es ist jetzt ein eigenes Institut an der Fachhochschule Köln."* **Kommentar** Im Text wird gesagt, dass „Spielraum" von den Herstellern unterstützt wird. <u>Aber</u> es gehört zur Fachhochschule Köln.
11	Bei „Spielraum" sollen Eltern verstehen lernen, <u>welche Spiele</u> die Kinder <u>gerne spielen</u>.	X		*„Wir wollen auch das Verständnis zwischen den Generationen fördern und <u>zwischen den Spielinteressen der Kinder</u> und Jugendlichen einerseits und den Sorgen und <u>Bedenken der Erziehenden</u> andererseits <u>vermitteln</u>."* **Kommentar** Dieses Item ist schwierig: Entscheidend ist das Wort „Spielinteressen". Es hat dieselbe Bedeutung wie „gerne spielen". Die Eltern sollen dafür Verständnis entwickeln, welche Spiele die Kinder gerne spielen und warum.
12	Computerspielwissenschaft wird <u>überall gleich unterrichtet</u>		X	*„Ja, das stimmt, Wissenschaftler aus den verschiedensten Disziplinen analysieren dieses junge Medium, und <u>jeder macht das auf seine Art</u>."* **Kommentar** Auf die Frage, ob es noch kein einheitliches Fach Computerspielwissenschaft und keine gemeinsamen Forschungsmethoden gebe, antwortet Professor Masuch mit „ja". Dies heißt: Es gibt <u>kein einheitliches</u> Fach. Außerdem sagt Professor Masuch, jeder forsche auf seine Art.
13	Informatik und Gesellschaftswissenschaften <u>sind Teil</u> der Computerspielwissenschaft.		X	*„Das heißt, jeder Experte, der jetzt irgendetwas damit zu tun hat, <u>kommt aus seiner eigenen Fachdisziplin</u>, sei es der Informatik oder den Gesellschaftswissenschaften und versucht dann, die spezielle Perspektive auf Computerspiele zu untersuchen."* **Kommentar** Es wird nur gesagt, dass jeder Wissenschaftler, der sich mit Computerspielen beschäftigt, dies auf der Grundlage seiner eigenen Wissenschaft tut. Als Beispiele werden „Informatik" und „Gesellschaftswissenschaften" genannt. „Computerspielwissenschaft" ist also <u>eine eigene, neue Wissenschaft</u>.
14	Absolventen von Professor Masuch können später im Beruf <u>als spezielle Lehrer</u> arbeiten.	X		*„Die Absolventen können direkt in die Spieleproduktion gehen, aber auch in die <u>Medienpädagogik und in die Betreuungsarbeit</u>. Dort sollen sie Jugendlichen dann zeigen, wie viel Spielen vernünftig ist und welche Spiele sinnvoll sind."* **Kommentar** Im Text wird von „Pädagogik" und „Betreuung" gesprochen. Damit ist <u>ein besonderer Lehrerberuf</u> gemeint.
15	An der Fachhochschule Trier lernt man auch, <u>wie Computerspiele gemacht</u> werden.	X		*„Deshalb lassen wir die Studierenden in Trier <u>selbst Spiele entwickeln</u> …"* **Kommentar** Wer Computerspiele entwickelt, lernt, <u>wie</u> sie gemacht werden.

	Item	Richtig	Falsch	Textauszug / Kommentar
16	Professor Kaminski glaubt, dass die Meinung der Wissenschaftler für die Firmen wichtig ist.		X	*„Ja, da muss man realistisch sein, der Einfluss ist natürlich eher gering."* **Kommentar** Professor Kaminski sagt, der Einfluss der Wissenschaftler auf die Firmen sei gering. Daraus ergibt sich, dass die Meinung der Wissenschaftler für die Firmen nicht wichtig ist.
17	Die Erforschung von Computerspielen ist unter Wissenschaftlern nicht anerkannt.		X	*„Es ist so, dass unsere Arbeit unter den wissenschaftlichen Kollegen gar nicht mal so sehr diskutiert wird."* **Kommentar** In diesem Satz ist der Ausdruck „gar nicht mal so sehr" wichtig. Er bedeutet, dass die Arbeit wenig diskutiert wird. Damit wird nicht gesagt, dass die Arbeit nicht anerkannt werde.
18	Eltern fragen oft nach dem Inhalt des Studiums.	X		*„… die am meisten erstaunten Gesichter sieht man zum Beispiel bei Eltern von Studierenden. Die fragen dann: ‚Was soll mein Kind da machen?'"* **Kommentar** Wenn Eltern danach fragen, was ihr Kind im Studium mache, dann fragen sie nach dem Inhalt des Studiums.

◑ Hören Sie den Hörtext noch einmal und vergleichen Sie mit den Lösungen.

Hörverstehen 2, Übung 1: Negation und Gegenteil erkennen

CD 1, 8 🎧 **Hörtext 5: Trinkwasserprobleme (S. 56 / 169)**

		Ja	Nein
1.	Werden wir in Zukunft genug Trinkwasser auf der Erde haben?		X
2.	Gibt es genug Grundwasser?	X	
3.	Wird es in den nächsten Jahrzehnten genug Grundwasser geben?		X
4.	Gibt es eine Möglichkeit, das Problem der Trinkwasserversorgung bald zu lösen?		X

Frage 1
Notizvorschlag: ↳ *in 40 – 50 Jahren 10 Milliarden Menschen Trinkwasser reicht nicht*

Kommentar
Frau Dr. Menzel-Hartmann beantwortet die Frage nicht direkt mit „ja" oder „nein". Sie beschreibt zunächst eine Situation, die in einigen Jahrzehnten eintreten wird. Daraus zieht sie eine Schlussfolgerung.
Sie sagt: *„Dann wird das Trinkwasser nicht mehr für alle Menschen reichen."*
↳ Aus der Aussage des letzten Satzes ergibt sich die Antwort auf die Frage: *Nein.*

Frage 2
Notizvorschlag: ↳ *Menge Grundwasser größer als Wassermenge in allen Flüssen und Seen*

Kommentar
Bei dieser Antwort von Dr. Menzel-Hartmann ist es wichtig zu verstehen, welche Verknüpfungen es zwischen ihren Äußerungen gibt. Sie sagt:
„1,1 Prozent des Wassers auf der Erde ist Grundwasser. Das hört sich nach wenig an, aber es ist zehnmal mehr als es Wasser in allen Seen und Flüssen der Erde gibt. Diese Menge reicht aus, um alle Menschen zu versorgen."
Die Zahl 1,1 ist wenig. Die Verknüpfung „aber" sagt, dass jetzt ein Gegenteil / ein Gegensatz folgt: Es gibt also zehnmal mehr Grundwasser als Wasser in den Flüssen und Seen auf der ganzen Erde. *„Diese Menge"*, also die Menge Grundwasser, kann alle Menschen versorgen. Dies bedeutet: Es gibt genug Grundwasser.
↳ Die Antwort ist: *Ja.*

Lösungen

Frage 3

Notizvorschlag: ↳ *Grundwasserspiegel wird sinken*

Kommentar

Auch hier ist die Antwort in der Aussage von Dr. Menzel-Hartmann „versteckt". Sie antwortet:

„Heute lebt mehr als die Hälfte der Weltbevölkerung ungefähr sechzig Kilometer vom Meer entfernt. Man kann heute schon bemerken, dass dort der Grundwasserspiegel um mehrere Meter im Jahr sinkt. In der Zukunft wird dies noch stärker werden."

Wenn schon heute der Grundwasserspiegel sinkt und diese Entwicklung in der Zukunft noch stärker wird, kann dies nur bedeuten: Es wird in der Zukunft, also in den nächsten Jahrzehnten, nicht genug Grundwasser geben.

↳ Die Antwort ist: *Nein.*

Frage 4

Notizvorschlag: ↳ *gesundheitliche Risiken / lange Dauer, bis Grundwasser zurückfließt*

Kommentar

Frau Dr. Menzel-Hartmann nennt zwei Probleme, die es mit dem Grundwasser gibt. Sie sind im folgenden Textauszug markiert.

„Denn es <u>dauert mindestens Jahrhunderte</u>, bis das Wasser auf natürliche Weise zurückfließt. Bei diesem Verfahren <u>gibt es aber gesundheitliche Risiken</u>, die wir noch nicht kontrollieren können. Es wird also noch sehr lange dauern, bis wir alle Probleme lösen können."

Ihr Fazit ist: Es wird lange dauern, bis diese Probleme gelöst sind. „Lange" ist nicht „bald".

↳ Aus diesem Widerspruch ergibt sich die Lösung: *Nein.*

Hörverstehen 2, Übung 2: Zusätzliche Übungsaufgabe

CD 1, 9 **Hörtext 6: Bildungsmonitor veröffentlicht (S. 57 / 169)**

In der folgenden tabellarischen Übersicht können Sie die Formulierungen in den Items und die entsprechenden Textstellen vergleichen.

Die Markierungen in den Items zeigen Ihnen die Hauptinformationen. Überprüfen Sie die Lösung, indem Sie den Hörtext noch einmal hören oder / und die Transkription des Hörtextes lesen. Die Textauszüge erleichtern Ihnen das Finden der richtigen Textstellen. Auf diese Weise können Sie üben, die feinen Unterschiede zwischen den Formulierungen zu erkennen.

	Item	Richtig	Falsch	Textauszug / Kommentar
(0)	Der „Bildungsmonitor" <u>ist ein</u> Hochschul-<u>Ranking</u> der deutschen Hochschulen.	X		*„Die Wissenschaftler des Instituts <u>stellen dann Ranglisten auf</u>, in denen die einzelnen Bundesländer nach Kriterien geordnet werden."* **Kommentar** „Ranglisten aufstellen" bedeutet „Ranking".
9	Das Ranking stellt <u>sehr genau</u> die Bildungssituation in den Bundesländern dar.		X	*„Über diese Unterscheidung, die ja dann doch irgendwie <u>vergröbernd und pauschal</u> ist, ist in letzter Zeit sehr heiß diskutiert worden."* **Kommentar** Die beiden markierten Schlüsselwörter sind das Gegenteil von „sehr genau".
10	Das Ranking spiegelt <u>sowohl</u> die Wettbewerbssituation <u>als auch</u> die <u>Entwicklung einzelner Bundesländer</u> wider.	X		*„Man kann zum einen sehen, wie die <u>Bundesländer zu einem bestimmten Zeitpunkt</u> zueinander stehen, aber auch wie sich die <u>Bundesländer im Zeitablauf entwickeln</u>.* **Kommentar** In der Antwort wird auch an anderer Stelle betont, dass die Länder miteinander verglichen werden, also in einer Wettbewerbssituation sind. Hier kommt noch das Verb „entwickeln" als Schlüsselwort hinzu und zeigt, dass dieses Item richtig ist.

11	Die einzelnen Bundesländer haben im Bereich der Bildung Entscheidungsfreiheit.	X		*„Wir haben einen Bildungsföderalismus, d.h. wir haben Bildungskompetenzen, die in den Bundesländern liegen."* **Kommentar** Hier muss man das Wort „Föderalismus" verstanden haben. Die „Bildungskompetenzen liegen bei den Bundesländern" bedeutet, dass die Bundesländer in Fragen zur Bildung entscheiden.
12	Der Bildungsmonitor garantiert gleiche Bildungschancen für alle.		X	*„Zum Zweiten, ob die Bildungssysteme in den Bundesländern gerechte Bildungschancen bieten, damit jeder einzelne später im Berufsleben oder im gesellschaftlichen Leben ausreichend teilhaben kann."* **Kommentar** Das Ranking prüft, ob gerechte Bildungschancen vorliegen, aber es garantiert keine.
13	Es gibt wichtige und weniger wichtige Bereiche der Untersuchung.		X	*„Also, wir untersuchen dreizehn Handlungsbereiche unterschiedlichster Fragestellung, von denen wir allesamt ausgehen, dass sie mit Blick auf die Zielfragestellung wichtig sind.* **Kommentar** Alle Bereiche der Fragestellung sind gleich wichtig.
14	Die politischen Entscheidungen basieren auf den Untersuchungsergebnissen.		X	*„Hat die Politik reagiert und spiegelt sich das auch in den statistischen Daten der Bundesländer wider?"* **Kommentar** Es wird untersucht, ob die Politik richtig gehandelt hat. Das zeigt sich in den Untersuchungsergebnissen, nicht umgekehrt.
15	Es gibt einen bewussteren Umgang mit der Bildungszeit.	X		*„Wir haben durch die Umstellung auf den Bachelor und Master die Ausbildungszeiten an den Hochschulen verkürzt. Wir haben ein stärkeres Bewusstsein, dass das Drehen von Ehrenrunden in den Schulen für den Schulerfolg nicht zuträglich ist.* **Kommentar** „Bewussterer Umgang" bedeutet ein stärkeres Bewusstsein.
16	Die Zahl der Ausbildungsverträge ist gesunken.		X	*„Und was wir auch beobachten können, ist, dass die Zahl der vorzeitig aufgelösten Ausbildungsverträge deutlich gesenkt worden ist."* **Kommentar** Die Zahl der aufgelösten Ausbildungsverträge ist gefallen, nicht die Zahl der Ausbildungsverträge an sich.
17	Kürzere Ausbildungszeiten bringen wirtschaftliche Vorteile.	X		*Das heißt also, wenn jemand nicht so lange studiert, ist das gut für die Wirtschaft, weil die Zeit nicht auf der Hochschule verbracht wird, wo sozusagen kein Wert erwirtschaftet wird, sondern schon im Berufsleben.* **Kommentar** Die Antwort auf diese Behauptung lautet: Genau. Also ist die Aussage richtig.
18	Die neuen Studiengänge ermöglichen eine praxisorientierte Berufsausbildung.	X		*„Die Studierenden gelangen früher in das Berufsleben und haben die Möglichkeit, ihr breites Fachwissen, das sie an den Universitäten erworben haben, durch praktisches Fachwissen im Beruf zu erweitern."* **Kommentar** „Praktisches Fachwissen im Beruf" steht hier für die praxisorientierte Berufsausbildung.

● Hören Sie den Hörtext noch einmal und vergleichen Sie mit den Lösungen.

Lösungen

 CD 1, 12 **Hörtext 7: Warum wir uns irren (S. 60 / 171)**
Die Antworten zu den Items (0), 19 und 20 wurden bereits im Übungsteil erklärt.

Item	Antwortvorschläge / Kommentar
21	*Entscheidung durch Lebenserfahrung ohne nachzudenken*
22	*ein Auto aus vier Angeboten auswählen / ein Auto von vier angebotenen Autos kaufen* **Kommentar** Die Antwort „ein Auto kaufen" ist nicht vollständig korrekt, weil im Experiment die Auswahl aus vier Angeboten wichtig ist. Möglich ist aber auch die zweite Variante, wenn neben dem Kauf des Autos auch die Auswahl erwähnt wird.
23	*kompliziert und keine Zeit zum Nachdenken / wenn es kompliziert ist und man nicht nachdenken kann / viele Informationen und keine Zeit* **Kommentar** Wenn man die Antwortvorschläge mit dem Text vergleicht, erkennt man, dass zwei Informationen verlangt werden. Sie sind hier markiert. „Wenn es richtig <u>kompliziert</u> ist und wenn man <u>keine Zeit zum Nachdenken</u> hat, dann trifft man die richtige Entscheidung mit deutlich größerer Wahrscheinlichkeit." Es gibt aber verschiedene Möglichkeiten, diese Informationen in der Antwort wiederzugeben.
24	*Gehirn muss ungewisse Zukunft vorhersagen* **Kommentar** Man kann hier leicht auch eine andere Lösungsmöglichkeit sehen, z. B.: *Gehirn muss schnell arbeiten* oder *Gehirn muss viele Informationen verarbeiten.* Gefragt ist aber nach der „größten Fehlerquelle". Hier finden wir im Text folgende Aussage: „Besonders wichtig ist in diesem Zusammenhang: Das Gehirn muss ständig Voraussagen über eine ungewisse Zukunft machen, auch daraus resultieren Fehler." Mit „besonders wichtig" ist die „größte Fehlerquelle" gemeint. Die Frage bezieht sich also auf diese Aussage.
25	*Bereich im Gehirn, der Fehler meldet / Bereich im Gehirn meldet Fehler* Der Text ist hier eindeutig. Es heißt: Schlüsselwörter „Wir Menschen *machen* also *Fehler* und meistens *merken wir dies auch.* Die Wissenschaft hat in den letzten Jahren herausgefunden, dass wir *im Gehirn einen Bereich* haben, dessen Aufgabe es unter anderem ist, uns einen *Fehler zu melden.*" Stichwörter für die Antwort

➔ Hören Sie den Hörtext noch einmal und / oder lesen Sie in der Transkription nach. Analysieren Sie die Textstellen in Bezug auf die Lösungen.

Hörverstehen 3, Übung 1: Abschnitte und Themen erkennen

 CD 1, 13 **Hörtext 8: Die Sprache der Paviane (S. 66 / 172)**

Abschnitt	Sprachlich-rhetorische Mittel der Einleitung bzw. des Übergangs zum neuen Abschnitt	Thema des Abschnitts
1	Meine Damen und Herren, …	Einleitung
2	*Ich möchte mit der Bedeutung bestimmter Rufe der Affen beginnen.*	*Bedeutung der Rufe von Affen*
3	*Infolgedessen …*	Laute zeigen Eigenschaften der Männchen

| 4 | Was bedeutet das für den Menschen? | Vergleich zwischen Mensch und Affe |
| 5 | Abschließend lässt sich also sagen … | Fazit / Schlussfolgerung |

Hörverstehen 3, Übung 2: Komplexe Informationen verstehen

CD 1, 13 **Hörtext 8: Die Sprache der Paviane (S. 66 / 172)**

1. In welchen Situationen geben Paviane ungewöhnliche Laute von sich?
↳ Antwortvorschläge:
a. *wenn sie erregt sind oder Angst haben*
b. *wenn sie aufgeregt sind und Angst haben*
c. *wenn sie die Gruppe oder ihr Kind verloren haben und Angst haben*

Kommentar
a. hält sich sehr an den Text
b. ist etwas freier und benutzt ein Synonym für „erregt"
c. nennt alle Beispiele, sollte kürzer gefasst werden

2. Was sagen die Laute, die Affenmännchen von sich geben, über das Tier aus?
↳ Antwortvorschläge:
a. *zeigen Eigenschaften der Affen*
b. *Rang und Kampfkraft*

Kommentar
Beide Antworten geben die Hauptinformation des Abschnitts wieder:
a. Die Affen verstärken in den Lauten ihre Eigenschaften.
b. Diese Eigenschaften sind: der Rang in der Gruppe und die Kampfkraft.

3. Worin besteht der Unterschied zwischen Menschen und Affen im Bereich der Laute?
↳ Antwortvorschlag:
Mensch nutzt Laute zur Übermittlung einer Information.

Kommentar
Wichtig ist hier, die Kernaussage des Abschnitts zu treffen. Er beschreibt, dass nur der Mensch mit Hilfe von Lauten kommunizieren und eine bestimmte Information übermitteln will.

Hörverstehen 3, Übung 3: Zusätzliche Übungsaufgabe

CD 1, 14 **Hörtext 9: Deutsche Forscher schauen in den Mond (S. 67 / 172)**

Item	Antwortvorschläge / Kommentar
19	1. *Alter der Mondoberfläche* 2. *Art der Krater* **Kommentar** Bei diesem Item werden zwei Informationen als Antworten erwartet. Sie sind im Text gut erkennbar: Information 1 „*Das Alter der Mondoberfläche ist in den 60er-Jahren völlig falsch eingeschätzt worden. Die Schätzungen lagen bei einigen Millionen Jahren, kühnste Prognosen sprachen von zehn bis 100 Millionen Jahren. Heute wissen wir, dass die Oberfläche mehrere Milliarden Jahre alt ist. Auch bei den Kratern lag man schwer daneben.*" Information 2

Lösungen

20	*Flüge mit Menschen zum Mars*
	Kommentar
	Das Wort „Basis" kommt im Text nicht vor. Man muss die Antwort erschließen. Im Text heißt es:
	„Vor allem, wenn man tatsächlich eines Tages Menschen zum Mars schicken will, müssen wir erst den Mond erforschen."
	Der Bedingungssatz enthält die Lösung, die im Item erwartet wird; der Hauptsatz drückt aus, dass die Mondforschung die „Basis" für die Aussage im Bedingungssatz ist.
21	*Menschen zum Mond entsenden / schicken*
	Kommentar
	Die Antwort dieses Items ist im Text klar an der Umschreibung des Ausdrucks „Fähigkeit" zu erkennen:
	„Derzeit ist ja keine Nation in der Lage, Menschen zum Mond zu entsenden."
	Zusätzlich wird diese Aussage noch verstärkt durch den folgenden Satz: *„Dieses Wissen ist mit dem Ende der Apollo-Missionen verschwunden."*
22	*Helium als Brennstoff für Kraftwerke auf der Erde*
	Kommentar
	Bei diesem Item sind die Schlüsselwörter „größtes wirtschaftliches Potenzial" im Text gut erkennbar.
23	*alle Bereiche des Lichts*
	Kommentar
	Obwohl im Text gesagt wird, dass der Mond vermessen werden könne, gilt hier als Antwort, LEO könne alle Bereiche des Licht messen.
24	*Beginn des Lebens*
	Kommentar
	Entscheidend ist hier das Wort „grundlegend". Im Text wird gesagt:
	„Das wird gerne in Verbindung mit dem Beginn des Lebens auf der Erde gebracht. Diese Grundfragen der Entstehung und Entwicklung der Planeten möchten wir gerne klären."
	Das Verweiswort „diese" verweist auf „Beginn des Lebens". Die Grundfrage ist also die Frage nach dem Beginn des Lebens. Daraus folgt, dass sich die grundlegenden Erkenntnisse auf den Beginn des Lebens beziehen.
25	*Nachwuchsforscher / junge Wissenschaftler*
	Kommentar
	Beide Antwortmöglichkeiten sind zu akzeptieren. Falsch wäre die Antwort „Schülerinnen und Schüler". Sie helfen zwar bei der Auswertung der Daten, aber die Nachwuchswissenschaftler profitieren davon, erkennbar an den Worten: „Chance" und „Zukunftsperspektive".

➲ Hören Sie den Hörtext noch einmal und / oder lesen Sie in der Transkription nach. Analysieren Sie die Textstellen in Bezug auf die Lösungen.

Schriftlicher Ausdruck

Bei den folgenden Texten handelt es sich nur um Lösungsvorschläge. Es gibt oft verschiedene Wege, zu einer guten Lösung der Aufgabe zu kommen. Damit Sie wichtige Elemente eines guten Textes leichter erkennen können, sind besondere Redemittel unterstrichen und Verweiswörter und Konnektoren unterlegt. Die Angaben zum Heimatland beziehen sich auf kein konkretes Land, sondern sind bewusst ganz allgemein formuliert.
Sie können mit den Lösungsvorschlägen arbeiten, indem Sie z. B.
- den Abschnitt über das Heimatland durch Aussagen zu Ihrem Heimatland ersetzen;
- die Gliederung und den Gedankengang des Textes rekonstruieren. Fragen Sie sich dabei: Welche Daten aus der Grafik wurden erwähnt? Wie werden die Meinungen wiedergegeben? Welche eigenen Argumente werden geäußert? Wie wird die eigene Meinung formuliert und begründet?

Finanzierung des Studiums (→ S. 72/73)

Eine gute Ausbildung kostet überall auf der Welt Geld. Wie in vielen anderen Ländern auch, müssen deutsche Studierende arbeiten, um ihr Studium zu finanzieren. Der folgende Text beschäftigt sich damit, welche anderen Möglichkeiten der Finanzierung es gibt, und wofür das Geld ausgegeben wird.

Die von HIS herausgegebene Grafik aus dem Jahr 2006 besteht aus zwei Teilen: Auf der einen Seite wird die Art der Finanzierung eines Studiums dargestellt, auf der anderen werden die Kosten im Einzelnen aufgelistet. Man geht davon aus, dass ein deutscher Studierender durchschnittlich 770 Euro im Monat zur Verfügung hat. Dabei sind die Eltern die wichtigsten Geldgeber: 90 % aller Befragten werden von den Eltern finanziell unterstützt. Mehr als die Hälfte der Studierenden (60 %) hat einen Job neben dem Studium und etwas weniger als ein Drittel (29 %) bekommt eine Unterstützung vom Staat. Dagegen macht die Finanzierung durch Verwandte (20 %) oder Ersparnisse (17 %) nur einen geringen Anteil aus. Ebenso spielen Bildungskredite oder Stipendien laut dieser Grafik in Deutschland offensichtlich keine große Rolle.
Wenn man sich die Aufteilung der Kosten, die insgesamt 739 Euro monatlich betragen, ansieht, stellt man fest, dass der Großteil des Geldes, nämlich 413 Euro, für die Miete, Nebenkosten und Lebensmittel ausgegeben wird. Das ist nicht verwunderlich, weil der Lebensstandard in Deutschland relativ hoch ist. Allerdings wundert es mich, dass bei den Kosten für das Studium die Studiengebühren fehlen, die in den meisten deutschen Bundesländern mittlerweile erhoben werden. Als weitere wichtige Kosten werden Auto bzw. öffentliche Verkehrsmittel (82 €) und Freizeitaktivitäten (62 €) aufgeführt. Am wenigsten Geld (35 €) geben Studierende für Lernmittel aus. Vielleicht liegt es daran, dass die deutschen Bibliotheken so gut bestückt sind, dass man nur wenige Bücher oder andere Lernmittel selbst kaufen muss.

Wie wir festgestellt haben, bekommen 29 % der Studierenden in Deutschland BAföG, das heißt eine staatliche finanzielle Unterstützung. Zu der Frage, ob eine solche Unterstützung zurückgezahlt werden solle oder nicht, gibt es unterschiedliche Meinungen. Die Befürworter begründen ihre Meinung damit, dass es sich um sehr viel Geld handelt, das der Staat hier investiert und es deshalb an ihn zurückgezahlt werden sollte. Die Gegner vertreten jedoch die Ansicht, dass der Staat die Pflicht hat, jedem Bürger/jeder Bürgerin eine gute Ausbildung zu garantieren. Also sollte keiner benachteiligt werden, indem er während des Studiums schon Schulden beim Staat macht, die sie/er später zurückzahlen muss.
Ich bin der Meinung, dass es sinnvoll ist, diese Art der finanziellen Unterstützung an den Staat zurückzuzahlen. Ein Grund dafür ist, dass eine Hochschulausbildung wirklich sehr teuer ist. Ein anderer ist, dass ich glaube, dass sich kein Staat so eine Finanzierung auf Dauer leisten kann. Ein weiteres Problem sehe ich auch darin, dass es Studierende geben könnte, die diese Form der Förderung ausnutzen könnten, um z. B. die Studienzeit zu verlängern. Ich meine, dass jeder, wenn er nach seinem Studium einen guten Job bekommen hat, in kleinen Beträgen dem Staat zurückgeben kann, was in seine Ausbildung investiert wurde. So steht das Geld wieder anderen Studierenden zur Verfügung.
In meinem Heimatland gibt es überhaupt keine Förderung durch den Staat. Wir bzw. unsere Eltern müssen alles selbst finanzieren. Das kann manchmal bedeuten, dass eine ganze Familie das Studium für einen Einzelnen bezahlt. Das bedeutet für die jungen Leute eine große Belastung. Deshalb fände ich es besser, etwas vom Staat zu bekommen und es dann zurückzubezahlen.

Übung 1: Zahlen und Entwicklungen beschreiben(S. 80)

1.
Haushalt:
Während 1950 in Haushalten nur eine geringe Menge Wasser verbraucht wurde, betrug die Menge im Jahr 2000 ca. 300 Mrd. m³ und wird bis zum Jahr 2025 noch weiter auf 500 m³ steigen.
Industrie:
Die Menge Wasser, die in der Industrie verbraucht wird, betrug im Jahr 2000 ca. 700 Mrd. m³ und wird bis zum Jahr 2025 auf 1000 Mrd. m³ stark ansteigen.
Landwirtschaft:
Der Wasserverbrauch in der Landwirtschaft steigt bis zum Jahr 2020 um das Dreifache enorm an: Während es 1950 noch 1000 Mrd. m³ waren, werden es im Jahr 2025 3000 Mrd. m³ sein.
2.
Der weltweite Wasserverbrauch wird bis zum Jahr 2025 insgesamt stark ansteigen. Den größten Zuwachs gibt es in der Landwirtschaft. Dort steigt der Wasserverbrauch bis zum Jahr 2020 enorm an, nämlich um das Dreifache von 1000 Mrd. m³ im Jahr 1950 auf 3000 Mrd. m³ im Jahr 2025. Auch in der Industrie gibt es einen starken Anstieg. Die Wassermenge betrug im Jahr 2000 ca. 700 Mrd. m³ und wird im Jahr 2025 1000 Mrd. m³ betragen. Während schließlich im Jahr 1950 in den Haushalten nur eine geringe Menge Wasser verbraucht wurde, betrug die Menge im Jahr 2000 ca. 300 Mrd. m³ und wird bis zum Jahr 2025 noch weiter auf 500 Mrd. m³ steigen.

Lösungen

Übung 2: Informationen bewerten (S. 81)

2.
Die Deutschen haben kein besonderes Verhältnis zu ihrem Auto.
Denn die meisten von ihnen (65 % der Männer, 82 % der Frauen) machen bei der Pflege des Autos nur das, was unbedingt nötig ist. Viel Zeit für Wartung und Pflege verbringen erstaunlicherweise nur 17 % der Männer, bei den Frauen sind es nur halb so viele (8 %). In neues Zubehör investieren sogar nur 12 % der Männer und 4 % der Frauen.

Übung 3: Zahlen mit der Situation im Heimatland vergleichen(S. 82)

Beispiele für Vergleichssätze:
- Im Vergleich zu Deutschland, wo 76 % der Menschen gerne gut Essen gehen, kochen die Menschen in meinem Heimatland lieber selbst zu Hause und laden die Freunde zum Essen ein.
- In Deutschland gehen 76 % der Menschen gerne gut essen. Im Gegensatz dazu kochen die meisten Menschen in meinem Heimatland lieber selbst zu Hause und laden die Freunde zum Essen ein.
- 61 % der Deutschen fahren in ihrer Freizeit gerne mit dem Auto. In meiner Heimat ist dies ganz anders: Nicht so viele Menschen haben ein Auto und man benutzt es nur als Transportmittel.
- Während 61 % der Deutschen in ihrer Freizeit gerne mit dem Auto fahren, benutzt man in meiner Heimat das Auto nur als Transportmittel.
- Genauso wie in Deutschland (88 %) sind auch in meinem Heimatland die meisten Menschen am liebsten in ihrer Freizeit mit Freunden zusammen.

Übung 4: Zusätzliche Übungsaufgabe zum Schriftlichen Ausdruck (S. 84)

Wie viele Studenten machen ein Praktikum nach dem Studium?
Über die deutschen Universitäten wird immer wieder gesagt, dass die Ausbildung dort zu theoretisch sei. Deshalb seien die Absolventen schlecht auf den Berufsalltag vorbereitet. Eine Lösung des Problems könnte es sein, ein Praktikum zu machen. Der folgende Text untersucht die Frage, ob ein Praktikum nach dem Studium sinnvoll ist oder nicht.
Nach einer Untersuchung der FU Berlin und der Hans-Böckler-Stiftung machen nur 22 % der deutschen Hochschulabsolventen nach dem Studienabschluss ein Praktikum. Die vorliegende Grafik vergleicht außerdem sechs verschiedene Gruppen von Studienfächern. In den Geistes- und Kulturwissenschaften werden die meisten Praktika gemacht (60 %), wahrscheinlich, weil dort die Ausbildung besonders theoretisch ist. Die Hälfte der Praktika ist unbezahlt. Auf der anderen Seite macht nur knapp ein Drittel (29 %) der Mathematiker und Naturwissenschaftler nach dem Studium ein Praktikum, meistens ist es sogar bezahlt (22 %). Am geringsten ist die Zahl derjenigen, die ein Praktikum machen, bei den Rechtswissenschaftlern (17 %). In diesen Fächern gibt es vielleicht keinen so großen Unterschied zwischen dem Inhalt des Studiums und der Arbeit.
Nachdem wir einige Zahlen dargestellt haben, kommen wir nun zu der Frage, ob ein Praktikum nach dem Studium sinnvoll ist. Dazu gibt es verschiedene Meinungen. Die einen behaupten, dass Praktikanten für die Firmen nur billige Arbeitskräfte seien. Es ist richtig, dass Praktikanten nicht viel oder gar nichts verdienen und oft Aufgaben von bezahlten Mitarbeitern übernehmen müssen. So können die Unternehmen viel Geld sparen. Allerdings finden z. B. die Geisteswissenschaftler oft nicht sofort einen Job. Ein Praktikum hat den Vorteil, dass sie nicht arbeitslos werden. Außerdem können sie ihre Fähigkeiten zeigen und bekommen dann vielleicht sogar von dem Unternehmen einen richtigen Arbeitsplatz.
Eine andere Meinung zu diesem Thema ist, dass ein Praktikum wichtig sei, um das Berufsleben kennen zu lernen und zu sehen, wie man das Gelernte in der Praxis anwenden kann. Ich kann dieser Meinung nur zustimmen. Wer noch nie ein Praktikum gemacht hat, kann sich nicht vorstellen, wie es im Beruf aussieht und macht dann vielleicht am Anfang Fehler. Man weiß z. B. nicht, wie man Aufgaben in einem Team löst. Das kann dazu führen, dass man schnell wieder entlassen wird.
Leider gibt es in meinem Heimatland „XY" fast keine Möglichkeit, nach dem Studium ein Praktikum zu machen. Die Absolventen bekommen oft am Anfang weniger Geld und dürfen nur einfachere Aufgaben übernehmen.
Zusammenfassend kann man sagen, dass ein Praktikum nach dem Studium vor allem bei Fächern sinnvoll ist, bei denen man schlechter einen Arbeitsplatz bekommt oder die nicht so praxisorientiert sind.

Modelltest

Mit dem Modelltest können Sie die Prüfungssituation simulieren.
- Arbeiten Sie den Modelltest an einem Stück in der vorgegebenen Zeit durch.
- Übertragen Sie die Lösungen jeweils auf das Antwortblatt.
- Machen Sie zwischen den einzelnen Prüfungsteilen Pausen.

Gesamtzeit der Prüfung zum TestDaF: ca. 3 Stunden und 10 Minuten (ohne Pausen).

Die Prüfungsteile:

Prüfungsteil	Dauer	Aufgaben
Leseverstehen	60 Minuten	3 Lesetexte mit insgesamt 30 Items
Hörverstehen	ca. 40 Minuten	3 Hörtexte mit insgesamt 25 Items
Schriftlicher Ausdruck	60 Minuten	1 Textproduktion
Mündlicher Ausdruck	ca. 30 Minuten	7 Aufgaben

Leseverstehen

Es gibt insgesamt 3 Lesetexte.

Lesetext 1: : Bearbeitungszeit ca. 10 Minuten

Lesetext 2: Bearbeitungszeit ca. 20 Minuten

Lesetext 3: Bearbeitungszeit ca. 20 Minuten

Zeit: Sie haben insgesamt 60 Minuten.

Am Ende des Prüfungsteils haben Sie 10 Minuten Zeit, um Ihre Lösungen auf das Antwortblatt zu übertragen.

Lesetext 1: siehe Leseverstehen, Aufgabe 1, S. 9 – 16
Lesetext 2: siehe Leseverstehen, Aufgabe 2, S. 17 – 28
Lesetext 3: siehe Leseverstehen, Aufgabe 3, S. 29 – 42

Leseverstehen 1

Aktivitäten in den Sommerferien

Sie suchen für sich und Ihre Bekannten Aktivitäten für die nächsten Semesterferien im Sommer. Lesen Sie die Beschreibungen der Anzeigen in der Hochschulzeitung. Schreiben Sie den Buchstaben für die passende Beschreibung in das Kästchen rechts. Jedes Angebot kann nur einmal gewählt werden. Es gibt nicht für jede Situation eine passendes Angebot. Gibt es für eine Situation keinen passenden Text, dann schreiben Sie den Buchstaben **I**.

Sie suchen ein passendes Angebot.

(01)	Sie suchen eine Urlaubsmöglichkeit für wenig Geld.	**A**	(01)
(02)	Ihr deutscher Kommilitone bewegt sich gern in der Natur.	**I**	(02)
1	Ihre Freundin ist sehr sportlich und möchte sich damit im Urlaub ein bisschen Geld verdienen.		1
2	Ihre Kommilitonin möchte sich sozial engagieren und anderen Menschen helfen.		2
3	Ihr deutscher Freund sucht eine sportliche Herausforderung.		3
4	Sie möchten sich im Urlaub einfach nur entspannen.		4
5	Ihr deutscher Bekannter verbindet Urlaub gern damit, etwas Neues zu lernen.		5
6	Ihre Freundin möchte Menschen mit gleichen Interessen kennenlernen.		6
7	Sie möchten Ihre Englischkenntnisse verbessern.		7
8	Ihr Freund braucht Geld für ein Motorrad und muss dafür arbeiten.		8
9	Ihre deutsche Freundin möchte eine fremde Kultur kennenlernen.		9
10	Ihre Zimmernachbarin studiert Germanistik und möchte in den Ferien praktische Erfahrungen sammeln.		10

A

Wer im Urlaub gern eine andere Stadt kennen lernen, aber dabei kein Geld für ein Hotel ausgeben möchte, der ist bei der Wohnungszentrale genau richtig: Wir vermitteln einen Wohnungstausch für ein bis zwei Wochen in den Sommerferien. Die Idee ist einfach: Du wohnst in der Wohnung des Tauschpartners und umgekehrt. Mehr Infos gibt es unter www.wohnung-tauschen.de.

B

Wir brauchen Verstärkung: Als expandierendes Unternehmen der Elektronikbranche brauchen wir für die Bearbeitung zusätzlicher Aufträge mehrere Aushilfskräfte für die Sommermonate. Möglich ist sowohl Schichtarbeit als auch eine stundenweise Anstellung. Wir bieten eine gute Bezahlung und ein angenehmes Arbeitsumfeld. Wenn das etwas für Sie ist, wenden Sie sich an Herrn Müller: 0111-445566.

C

Die Goethe-Schule sucht für die Ferienbetreuung von Kindern (8–12 Jahre), die nicht in den Urlaub fahren können, engagierte Studentinnen und Studenten. Eure Aufgabe wird es sein, mit den Kindern Ausflüge zu machen (z.B. in den Zoo) oder Projekte zu organisieren und durchzuführen. Spezielle Kenntnisse sind nicht notwendig, nur Spaß an der Arbeit mit kleinen Menschen müsst ihr mitbringen. Nach einem kurzen Training geht es auch schon los, und die Kleinen werden dankbar sein.

D

Die Toskana ist eine der schönsten Landschaften Europas. Viele kommen wegen des guten Essens und der großen kulturellen Angebote zu uns. Die „Italienische Ferienakademie" bietet zusätzlich die Möglichkeit, sich in vielen verschiedenen Kursen je nach Interesse weiterzubilden. Das Angebot reicht dabei von Kursen zum Zeichnen oder kreativen Schreiben bis zu Seminaren über europäische Geschichte. Bei Interesse schicken wir Ihnen gerne unsere Prospekte.

E

Viel Sonne, eine lange Geschichte und nette Menschen: Das ist Malta, der kleine Inselstaat im Mittelmeer. Jedes Jahr kommen tausende Besucher, um z.B. Englisch zu lernen oder ihre Sprachkenntnisse zu verbessern. Unser Hotel sucht für sein Sportprogramm eine Studentin oder einen Studenten für die Monate August und September. Ihre Aufgabe ist es, unsere Gäste bei den sportlichen Aktivitäten in der Halle, am Strand oder auf dem Wasser zu betreuen.

F

Das „Hit-Radio-Mallorca" sucht Mitarbeiter. Wir sind ein kleines Team radiobegeisterter Studenten aus allen Teilen Deutschlands und machen in den Sommermonaten auf der spanischen Mittelmeerinsel Mallorca ein Programm für deutsche Touristen mit entspannender Musik und Informationen aus der Heimat. Wenn Du sprachbegabt bist, ein entsprechendes Fach studierst und gerne im Team arbeitest, dann ruf an. Wir freuen uns auf Dich.

G

Augenblicke für die Ewigkeit! Fallschirmspringen ist ein ganz besonderer Sport und nichts für schwache Nerven. Fest verbunden mit einem erfahrenen Springer fallen Sie aus einer Höhe von rund 3 000 Metern ins Nichts. Bei einem Fallschirm-Tandemsprung erleben Sie die Erde aus einer neuen Perspektive und verlieren das Zeitgefühl: Die Sekunden werden Ihnen dabei viel länger vorkommen und diese Eindrücke werden Sie Ihr ganzes Leben begleiten.

H

Sie wollen nicht einfach nur am Strand liegen oder sich von Reiseleitern durch fremde Städte führen lassen. Dann ist Urlaub auf einem Bauernhof in Schweden eine gute Alternative. Sie leben zusammen mit einer Gastfamilie und helfen ihr bei der täglichen Arbeit. So erleben Sie ganz nah eine fremde Lebensweise. Und die Erholung kommt auch nicht zu kurz, denn mit anderen Bauernhofurlaubern machen Sie Ausflüge in verschiedene Teile des Landes.

Modelltest

Lesen Sie den Text und lösen Sie die Aufgaben.

Die Glücksformel

Die Isländer haben ein Sprichwort, es heißt: Suche das Glück nicht mit dem Fernrohr. Was wohl bedeutet, dass derjenige, der auf die großen Glücksmomente im Leben wartet, die kleinen schnell übersehen kann. Und das wäre schade. Denn glückliche Menschen sind nicht nur zufriedener und erfolgreicher, sondern, wie Statistiken beweisen, auch gesünder.

Deshalb ist die Wissenschaft dem Glück auf der Spur. Was haben „chronisch Glückliche", das ihren weniger zufriedenen Zeitgenossen fehlt? Mit dieser Frage beschäftigt sich ein relativ junger Zweig der Forschung, die „Positive Psychologie".

Kaum etwas ist weniger greifbar als dieses wohlige Gefühl, das jeder woanders sucht und manchmal findet, und das mit Alter, Herkunft, Geschlecht, Reichtum und Bildung gar nichts zu tun hat. Wenn wir uns zum Jahreswechsel „Viel Glück im neuen Jahr!" wünschen, meint jeder etwas anderes: Gesundheit, Erfolg im Beruf, den richtigen Partner, spannende Erlebnisse, ein harmonisches Familienleben oder … Doch eines steht fest: Nicht einzelne Erlebnisse sind entscheidend für unser Lebensglück, sondern die Summe der glücklichen Augenblicke.

Was bedeutet das konkret? Der heiß ersehnte Millionengewinn wird dem Gewinner nur kurzzeitig ein rauschhaftes Glücksgefühl bescheren. Auch das Auswandern in ein sonniges Land bringt nicht endlos sonnige Laune. Ein paar Tage, Wochen, Monate der Euphorie – dann folgt die Einsicht, dass sich die Welt immer noch im selben Takt bewegt. Der Glückspilz ist ebenso derselbe geblieben wie der Auswanderer und nach dem Rausch genauso zufrieden oder unzufrieden wie zuvor. Adaption nennen die Psychologen dieses Phänomen. Der Mensch gewöhnt sich an das, was er hat. Viele Dinge, die zuerst einmal Spaß machen, werden nach kurzer Zeit normal.

Neurologen wissen: Glück ist Chemie. Wenn wir entzückt den Sonnenuntergang in der Karibik genießen, ist unsere Begeisterung das Ergebnis komplexer Vorgänge zwischen Hormonen und Nervenzellen im Gehirn. Botenstoffe wie Serotonin und Dopamin sorgen zusammen mit Adrenalin und Noradrenalin für positive Stimmung. Doch leider ist die Euphorie nicht von Dauer. Die Zellen im Gehirn, die auf den Ausstoß der Hormone ansprechen, sind schnell gesättigt. Danach braucht das Belohnungssystem einen neuen Impuls. Da setzt die Forschung den Hebel an. Denn gute Gefühle sind trainierbar, Optimismus ist eine Grundeinstellung.

Auch für das allgemeine Wohlbefinden und für unsere Gesundheit lässt sich damit viel erreichen. Immunsystem, Hormonsystem, Nervensystem und Psyche sind vielfältig miteinander vernetzt. Gefühle, Körper und Geist führen untereinander einen fortwährenden Dialog. Die wichtigsten chemischen Substanzen verbinden also Emotionen und die Aktivität des Immunsystems miteinander. Wer optimistisch und stressfreier durchs Leben geht, hat demnach ein niedrigeres Risiko, an einer Herzkrankheit zu sterben, als Pessimisten. Außerdem erkranken zufriedene Menschen statistisch gesehen seltener an Erkältungen. Denn während seelischer Höhenflüge läuft auch das Immunsystem zu Hochform auf. Doch das sind nur einige Erkenntnisse der Glücksforscher. Dass Lachen sprichwörtlich gesund ist, wird beim britischen Gesundheitsdienst NHS inzwischen in die Praxis umgesetzt: In dessen Krankenhäusern sind Lachtherapeuten eingestellt.

Zufriedene Menschen haben außerdem eine positive Ausstrahlung und mehr Erfolg im privaten und beruflichen Leben. Das liegt zum großen Teil daran, dass Optimisten eher die Möglichkeiten als die Schwierigkeiten sehen.

Selbst kleine Genüsse können übrigens dazu beitragen, Glück zu verbreiten. Wie zum Beispiel Gerüche, die einen Einfluss auf unsere Stimmung haben. So bewirkt der Duft von Schokolade, dass im Körper mehr Abwehrstoffe gegen Krankheiten gebildet werden.

Markieren Sie die richtige Antwort (A, B oder C).

(0) Welche Bedeutung hat das isländische Sprichwort laut Text?   Lösung: A

A   Wenn man immer nur auf das Glück wartet, bemerkt man nicht, wenn es schon da ist.
B   Wenn man in großen Dingen Glück hat, hat man es auch in kleinen.
C   Wenn man lange genug wartet, kommt das Glück.

11. Wer hat eine gute Gesundheit?

A   Erfolgreiche Menschen.
B   Glückliche Menschen.
C   Zufriedene Menschen.

12. Was erforscht die „Positive Psychologie"?

A   Sie beschäftigt sich mit der Frage, was glückliche Menschen ausmacht.
B   Sie erforscht, was Menschen glücklich macht.
C   Sie untersucht, warum manche Menschen unglücklich sind.

13. Warum ist „Glück" nur schwer greifbar?

A   Glück kann viele Bedeutungen haben.
B   Glück ist schwer zu finden.
C   Glück ist von vielen Faktoren, wie z.B. Reichtum und Bildung, abhängig.

14. Was versteht man laut Text unter „Adaption"?

A   Anpassung an eine neue Umgebung.
B   Ein rauschhaftes Glücksgefühl.
C   Glück als etwas Alltägliches zu empfinden.

15. Wodurch entstehen Glücksgefühle?

A   Sie entstehen durch das Zusammenspiel verschiedener Substanzen im Körper.
B   Sie entstehen durch die Begeisterung für Naturphänomene, wie z.B. Sonnenuntergänge.
C   Sie werden durch Nervenzellen im Gehirn hervorgerufen.

16. Wie lange können Glücksgefühle andauern?

A   Solange das Belohnungssystem funktioniert.
B   Solange der Hormonausstoß ausreicht.
C   Solange die Zellen im Gehirn gesättigt sind.

17. In welcher Beziehung stehen Emotionen, Körper und Geist?

A   Sie sind durch ein Nervennetz miteinander verbunden.
B   Sie sprechen miteinander.
C   Sie tauschen ständig Informationen untereinander aus.

18. Wie werden die Ergebnisse der Glücksforschung angewendet?

A   Bei der Vorbeugung gegen Erkältungskrankheiten.
B   Zur Unterstützung der Heilung in Krankenhäusern.
C   Zur Vermeidung von Herzkrankheiten.

19. Warum sind zufriedene Menschen erfolgreicher?

A   Sie möchten die Schwierigkeiten nicht sehen.
B   Sie sehen die Möglichkeiten und die Schwierigkeiten.
C   Sie sehen mehr Möglichkeiten.

20. Welcher Zusammenhang besteht zwischen Glück und Gerüchen?

A   Angenehme Düfte machen gute Laune.
B   Gerüche beeinflussen das Glück.
C   Gute Gerüche stärken das Abwehrsystem.

Modelltest

Lesen Sie den Text und lösen Sie die Aufgaben.

Forscher warnen vor Panik-Prognosen

Grönlands Gletscher sind dynamischer als bisher angenommen. Nach einem neuen Modell können sie nach Zeiten schneller Bewegung auch wieder zur Ruhe kommen. Forscher müssen nun die Frage beantworten, ob der massive Eisverlust der vergangenen Jahre nur eine Episode war.

Der Helheim-Gletscher in Südgrönland fließt so schnell wie kaum ein anderer Gletscher auf der Welt. Durch eine Spalte im Küstengebirge schiebt er sich mit einer Geschwindigkeit von mehreren Kilometern pro Jahr vom Inlandeis ins Meer. In den vergangenen Jahren, so berichteten Forscher, habe die Fließgeschwindigkeit vor allem im unteren Bereich massiv zugenommen. Satellitenbilder zeigten außerdem, dass die Abbruchkante des Gletschers schnell landeinwärts wanderte.

Die Beobachtungen galten als wichtiges Indiz dafür, dass sich der Klimawandel gefährlich beschleunigt haben könnte. Denn auch an anderen grönländischen Gletschern hatten sich ähnlich beunruhigende Phänomene gezeigt. Fachleute befürchteten, der beschleunigte Abfluss der Eismassen könne den weltweiten Anstieg des Meeresspiegels kräftig verstärken. Im Januar 2009 hatte ein Forscherteam im Fachmagazin „Climate Dinamys" einen Meeresspiegelanstieg von einem Meter innerhalb von 100 Jahren vorausgesagt – unter anderem mit Verweis auf den größeren Eisverlust bei Gletschern.

Neue Forschungsergebnisse eines Teams um Faezeh Nick und Andreas Vieli von der britischen Durham University legen nun aber nahe, dass die Dinge wohl komplizierter liegen. Die Wissenschaftler kommen im Fachmagazin „Nature Geoscience" zu dem Schluss, dass die Eismassen dynamischer reagieren als bisher vermutet. Auf ein paar Jahre schnellen Flusses könne durchaus auch wieder eine Zeit der Stabilität und Ruhe folgen. Die Wissenschaftler hatten in Modellrechnungen das Fließverhalten des Helheim-Gletschers untersucht und dabei verschiedene Szenarien durchgespielt, zum Beispiel:

• Wie verändert sich das Fließen des Gletschers bei einer erhöhten Abschmelzrate infolge der Klimaerwärmung? Denn, dass das kilometerdicke Inlandeis schwindet, steht in allen Diskussionen außer Frage. Doch bereits im Frühjahr hatten US-Forscher im Fachmagazin „Science" berichtet, dass höhere Temperaturen an der Gletscheroberfläche den verstärkten Eistransport ins Meer nur teilweise erklären können.

• Könnte Schmelzwasser am Grund des Gletschers als eine Art Gleitmittel agieren und so für einen beschleunigten Fluss der Eismassen ins Meer sorgen? Die Theorie ist nicht ohne Probleme. Der niederländische Forscher Roderik van de Wal hatte im Sommer 2008 in „Science" berichtet, er könne nach der Auswertung von Satellitendaten aus 17 Jahren keine Anzeichen für eine schnellere Eisabgabe von Grönland in die angrenzenden Meeresgebiete erkennen.

Weder mit den Parametern des ersten noch mit denen des zweiten Falls brachte das mathematische Modell die Ergebnisse, die sich in der Praxis hatten beobachten lassen: Der Gletscher war mehrere Jahre hintereinander besonders schnell geflossen, er hatte sich verdünnt, seine Zunge hatte sich weit landeinwärts zurückgezogen.

Erst als die Forscher untersuchten, wie sich Veränderungen an der Gletscherfront auf das Fließen des Eises auswirken könnten, gelang es ihnen, Theorie und Praxis in Übereinstimmung zu bringen.

Welche Prozesse in den vergangenen Jahren am Helheim-Gletscher genau abgelaufen seien, wisse man zwar nicht. Doch klar sei: „Der Gletscher ist sehr sensibel." Das bedeute auch, dass er sich nach ein paar Jahren schnellen Fließens wieder verlangsamen könne. „Wir müssen vorsichtig sein bei der Interpretation von Beobachtungsdaten", so Vieli. „Die vergangenen Jahre sind sicher kein Trend." Einige der Gletscher in Grönland seien seit 2005 wieder langsamer geworden. „Es ist schwer zu sagen, ob der beschleunigte Eisverlust vielleicht nicht nur eine Episode ist."

Trotz aller räumlichen und sachlichen Einschränkungen: Die neuen Erkenntnisse werden die Diskussion wieder anfachen, wie schnell Grönlands Eispanzer tatsächlich schmilzt. AWI-Forscher Grosfeld warnt allerdings davor, die teils dramatischen Veränderungen der Gletscher nun komplett zu relativieren. „Man kann sich nicht beruhigt zurücklehnen." Ähnlich äußert sich auch Vieli: „Es ist definitiv nicht meine Absicht zu sagen, die Lage sei nicht schlimm. Ich mache mir Sorgen, dass unsere Ergebnisse von Klimaskeptikern missbraucht werden könnten."

Markieren Sie die richtige Antwort.

		Ja	Nein	Text sagt dazu nichts	
(01)	Früher dachte man, dass Gletscher sich nicht bewegen.			X	(01)
(02)	Der Helheim-Gletscher fließt am schnellsten.		X		(02)
21	Die Fließgeschwindigkeit ist kontinuierlich gestiegen.				21
22	Die Abbruchkante des Gletschers nähert sich dem Festland.				22
23	Wahrscheinlich wird die Fließgeschwindigkeit in den nächsten Jahren abnehmen.				23
24	Die Wissenschaftler haben herausgefunden, wie die Gletscher auf das veränderte Klima reagieren.				24
25	Die Klimaerwärmung führt zu einer erhöhten Abschmelzrate.				25
26	Möglicherweise fließt ein Gletscher am Grund schneller als an der Oberfläche.				26
27	Die beiden Modelle konnten keine Erklärung für die Phänomene der letzten Jahre liefern.				27
28	Veränderungen an der Gletscherfront führen dazu, dass das Eis schneller fließt.				28
29	Die Forscher gehen davon aus, dass die Gletscher in Zukunft langsamer fließen.				29
30	Die Forscher befürchten, dass ihre Ergebnisse falsch interpretiert werden.				30

Übertragen Sie Ihre Lösungen auf das Antwortblatt.

Modelltest

Sie haben jetzt 10 Minuten Zeit, um Ihre Lösungen auf das Antwortblatt zu übertragen.

Markieren Sie so: ☒
Nicht so: ⤬☐ ☒ ☒ ☑ ▪
Wenn Sie ein falsch markiertes Feld korrigieren möchten, dann füllen Sie es ganz aus. So: ■.
Markieren Sie dann das richtige Feld: ☒

Lösungen Leseverstehen, Aufgabe 1

	B	C	D	E	F	G	H	I
1	☐	☐	☐	☐	☐	☐	☐	☐
2	☐	☐	☐	☐	☐	☐	☐	☐
3	☐	☐	☐	☐	☐	☐	☐	☐
4	☐	☐	☐	☐	☐	☐	☐	☐
5	☐	☐	☐	☐	☐	☐	☐	☐
6	☐	☐	☐	☐	☐	☐	☐	☐
7	☐	☐	☐	☐	☐	☐	☐	☐
8	☐	☐	☐	☐	☐	☐	☐	☐
9	☐	☐	☐	☐	☐	☐	☐	☐
10	☐	☐	☐	☐	☐	☐	☐	☐

Lösungen Leseverstehen, Aufgabe 2

	A	B	C
11	☐	☐	☐
12	☐	☐	☐
13	☐	☐	☐
14	☐	☐	☐
15	☐	☐	☐

	A	B	C
16	☐	☐	☐
17	☐	☐	☐
18	☐	☐	☐
19	☐	☐	☐
20	☐	☐	☐

Lösungen Leseverstehen, Aufgabe 3

	Ja	Nein	Text sagt dazu nichts
21	☐	☐	☐
22	☐	☐	☐
23	☐	☐	☐
24	☐	☐	☐
25	☐	☐	☐
26	☐	☐	☐
27	☐	☐	☐
28	☐	☐	☐
29	☐	☐	☐
30	☐	☐	☐

Hörverstehen

Sie hören insgesamt 3 Hörtexte.

Hörtext 1: Sie hören den Text einmal.

Hörtext 2: Sie hören den Text einmal.

Hörtext 3: Sie hören den Text zweimal.

Zeit: Der Prüfungsteil dauert insgesamt 40 Minuten.

Schreiben Sie Ihre Lösungen zunächst hinter die Aufgaben. Am Ende des Hörverstehens haben Sie 10 Minuten Zeit, um Ihre Lösungen auf das Antwortblatt zu übertragen.

Hörtext 1: siehe Hörverstehen, Aufgabe 1, S. 45 – 50
Hörtext 2: siehe Hörverstehen, Aufgabe 2, S. 51 – 58
Hörtext 3: siehe Hörverstehen, Aufgabe 3, S. 59 – 68

Modelltest

CD 2, 8 Sie sind in der Cafeteria Ihrer Universität und hören ein Gespräch zwischen zwei Studentinnen. Sie hören dieses Gespräch **einmal**.

Lesen Sie jetzt die Aufgaben 1–8.

Hören Sie nun den Text.
Schreiben Sie beim Hören die Antworten auf die Fragen 1–8.
Notieren Sie Stichwörter.

Sprachenlernen im Tandem

(0)	Was haben Susanne und Tina heute noch vor?	(0)	*ins Kino gehen*
1	Wo war Tina?	1	
2	Warum kommt sie zu spät?	2	
3	Wo verbringt Tina das nächste Semester?	3	
4	Wie funktioniert Tandem-Lernen?	4	
5	Wer legt fest, was gelernt wird?	5	
6	Welche Vorteile hat Tandem-Lernen? Nennen Sie zwei Vorteile.	6	
7	Wie bekommt man einen Partner?	7	
8	Wie viel kostet ein Tandem-Kurs?	8	

Hörverstehen 2

CD 2, 9 Sie hören ein Interview mit drei Gesprächspartnern darüber, wie man Studium und sportliche Höchstleistungen vereinbaren kann.
Sie hören dieses Gespräch **einmal**.

Lesen Sie jetzt die Aufgaben 9–18.

Hören Sie nun den Text.
Entscheiden Sie beim Hören, welche Aussagen richtig oder falsch sind.
Markieren Sie die passende Antwort.

Studium und Spitzensport

		Richtig	Falsch	
(0)	Frank Fischer koordiniert Studium und Verein.		X	(0)
9	Christian Köhrmann hat bereits ein Studium abgeschlossen.			9
10	In seinem Handballverein hat Christian Köhrmann nur am Sonntag frei.			10
11	Sportler können an Studiengängen mit Anwesenheitspflicht in der Uni nicht teilnehmen.			11
12	Im Oldenburger Studiengang sollen alle Sportler studieren können.			12
13	Prüfungen finden im Oldenburger Studiengang über das Internet statt.			13
14	Die Studierenden in Oldenburg konzentrieren sich auf die Grundlagen des Faches BWL.			14
15	Frank Fischer glaubt, dass man in seinem Studiengang trotz Studiengebühren viele Vorteile hat.			15
16	Christian Köhrmann möchte später im Management eines Handballvereins tätig sein.			16
17	Die Absolventen aus Oldenburg können in ganz unterschiedlichen Unternehmen arbeiten.			17
18	Hersteller von Sportartikeln brauchen Absolventen, die alle Bereiche ihres Faches gleich gut beherrschen.			18

Modelltest

Hörverstehen 3

CD 2, 10 Sie hören einen kurzen Vortrag von Frau Professor Müller-Seebald über das Fach Ernährungswissenschaft und seine Inhalte, insbesondere die neuen so genannten „funktionellen Lebensmittel".
Sie hören diesen Vortrag **zweimal**.

Lesen Sie jetzt die Aufgaben 19 – 25.

Hören Sie nun den Text ein erstes Mal.
Beantworten Sie beim Hören die Fragen 19 – 25 in Stichworten.

Ernährungswissenschaft: Neue Aufgaben durch „funktionelle Lebensmittel"

(0)	Warum studieren nur wenige Männer das Fach „Ernährungswissenschaft"?	(0)	*Essen und Kochen weiblich geprägt*
19	Welches Ziel haben „funktionelle Lebensmittel"?	19	
20	Warum gibt es eine große Nachfrage nach funktionellen Lebensmitteln?	20	
21	Was macht man heute in der Ernährungsforschung anders?	21	
22	Welchen neuen Trend gibt es bei funktionellen Lebensmitteln?	22	
23	Welches Problem gibt es bei Lebensmitteln für die Haut?	23	
24	Welcher Aspekt der funktionellen Lebensmittel ist noch nicht gut genug bekannt?	24	
25	Welche Gründe sprechen für ein Studium der Ernährungswissenschaft?	25	

Ergänzen Sie jetzt Ihre Stichwörter.

CD 2, 10 Hören Sie den Text jetzt ein zweites Mal.

Sie haben nun 10 Minuten Zeit, um Ihre Lösungen auf das Antwortblatt zu übertragen.

Übertragen Sie Ihre Lösungen auf das Antwortblatt.

Lösungen Hörverstehen, Aufgabe 1

1	
2	
3	
4	
5	
6	
7	
8	

Lösungen Hörverstehen, Aufgabe 2

Markieren Sie so: ⊠
Nicht so: ⌧ ⊠ ⊠ ☑ ▪
Wenn Sie ein falsch markiertes Feld korrigieren möchten, dann füllen Sie es ganz aus. So: ■.
Markieren Sie dann das richtige Feld: ⊠

	Richtig	Falsch
9	☐	☐
10	☐	☐
11	☐	☐
12	☐	☐
13	☐	☐
14	☐	☐
15	☐	☐
16	☐	☐
17	☐	☐
18	☐	☐

Lösungen Hörverstehen, Aufgabe 3

19	
20	
21	
22	
23	
24	
25	

Schriftlicher Ausdruck

Bitte lesen Sie zuerst diese Anleitung zum Prüfungsteil „Schriftlicher Ausdruck".

Sie sollen einen Text zum Thema „Zum Studium nach Deutschland" schreiben. Hierbei sollen Sie eine Grafik beschreiben und das Thema sachlich diskutieren.

Achten Sie dabei auf Folgendes:
- Schreiben Sie einen zusammenhängenden Text.
- Der Text soll klar gegliedert sein.
- Bearbeiten Sie alle Punkte der Aufgabenstellung.
- Achten Sie auf die Zeit: Für diesen Prüfungsteil haben Sie 60 Minuten Zeit.
- Beschreibung der Grafik: Nehmen Sie sich maximal 20 Minuten. Geben Sie die wichtigsten Informationen der Grafik wieder.
- Argumentation: Nehmen Sie sich nicht mehr als 40 Minuten. Wichtig ist, dass Sie Ihre Argumente begründen.
- Achten Sie darauf, dass Sie noch genügend Zeit haben, um Ihren Text noch einmal durchzulesen.
- Bei der Bewertung Ihrer Leistung ist die Verständlichkeit des Textes wichtiger als die sprachliche Korrektheit.

Bei der Prüfung erhalten Sie einen Schreibbogen und ein Konzeptpapier.

Schreiben Sie in der Prüfung auf den beigefügten Schreibbogen.
Für Entwürfe und Notizen können Sie das beigefügte Konzeptpapier verwenden.

Gewertet wird nur der Text auf dem Schreibbogen.

Bitte geben Sie am Ende des Prüfungsteils „Schriftlicher Ausdruck" sowohl Ihren Schreibbogen als auch Ihr Konzeptpapier ab.

Wenn der Prüfer Sie auffordert umzublättern und die Aufgabe anzusehen, dann haben Sie noch 60 Minuten Zeit.

Schriftlicher Ausdruck: siehe S. 69 – 74

Modelltest

Zum Studium nach Deutschland

Immer mehr Studenten zieht es zum Studium nach Deutschland. Dennoch wird diskutiert, ob die deutschen Hochschulen für ausländische Studierende noch attraktiver werden sollen.

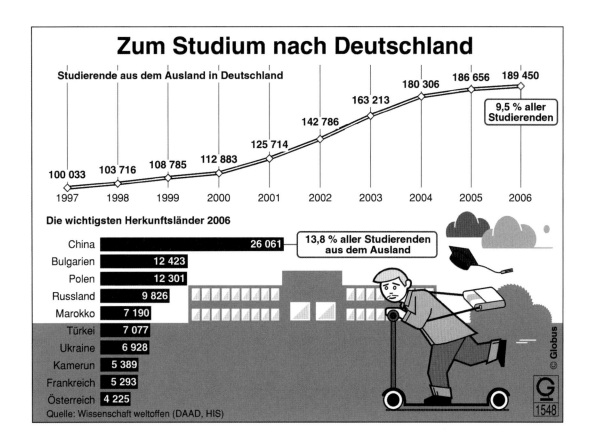

Zum Studium nach Deutschland

Studierende aus dem Ausland in Deutschland

Jahr	Anzahl
1997	100 033
1998	103 716
1999	108 785
2000	112 883
2001	125 714
2002	142 786
2003	163 213
2004	180 306
2005	186 656
2006	189 450

9,5 % aller Studierenden

Die wichtigsten Herkunftsländer 2006

Land	Anzahl
China	26 061
Bulgarien	12 423
Polen	12 301
Russland	9 826
Marokko	7 190
Türkei	7 077
Ukraine	6 928
Kamerun	5 389
Frankreich	5 293
Österreich	4 225

13,8 % aller Studierenden aus dem Ausland

Quelle: Wissenschaft weltoffen (DAAD, HIS)

© Globus
1548

- Beschreiben Sie, wie sich die Zahl der ausländischen Studierenden im Laufe der vergangenen zehn Jahre verändert hat.
- Gehen Sie dabei auf die Verteilung nach Herkunftsländern ein.

Bei der Frage, ob die deutschen Hochschulen noch attraktiver für ausländische Studierende werden sollen, gibt es verschiedene Meinungen:

Die deutschen Hochschulen sollen noch mehr ausländische Studierende ausbilden, um im Rahmen der Globalisierung wettbewerbsfähig zu bleiben.

Ausländische Studierende sind wichtig. Aber ihre Anzahl muss nicht größer werden, sondern die Betreuung der ausländischen Studierenden, die bereits in Deutschland sind, sollte verbessert werden.

- Geben Sie die beiden Meinungen mit eigenen Worten wieder.
- Nehmen Sie zu beiden Aussagen Stellung und begründen Sie Ihre Meinung.
- Gehen Sie auch darauf ein, wie attraktiv Deutschland als Studienort in Ihrem Heimatland ist.

Mündlicher Ausdruck

Dieser Prüfungsteil besteht aus 7 Aufgaben. Dazu gibt es 7 Arbeitsblätter im Aufgabenheft.
Sie arbeiten mit einem Tonträger (CD / Kassette) und einem Mikrofon.
Jede Aufgabe besteht aus zwei Teilen:

- Im ersten Teil wird die Situation beschrieben und es wird gesagt, was Sie tun sollen. Die
  Beschreibung der Situation und die Aufgabenstellung werden per Tonträger vorgelesen,
  Sie können beides auf dem Arbeitsblatt mitlesen.

  Danach können Sie sich in der vorgegebenen „Vorbereitungszeit" darauf vorbereiten, was
  Sie sagen wollen. Dabei können Sie sich Notizen machen.

- Im zweiten Teil spricht „Ihr Gesprächspartner / Ihre Gesprächspartnerin" auf dem Tonträger.
  Er / Sie gibt Ihnen einen Sprechimpuls. Der Sprechimpuls steht nicht auf dem Arbeitsblatt.
  Bitte hören Sie gut zu und antworten Sie dann während der vorgegebenen „Sprechzeit".
  Sprechen Sie ins Mikrofon.

Berücksichtigen Sie auf jeden Fall die Aufgabenstellung und gehen Sie auf das Thema ein.
Sagen Sie, was Sie zum Thema denken. Bewertet wird in der Prüfung nicht, welche Meinung
Sie haben, sondern wie Sie Ihre Gedanken formulieren.

In der Prüfung werden Ihre Antworten auf Tonträger aufgenommen. Sprechen Sie in der
Prüfung deshalb laut und deutlich.

Bei der Arbeit mit diesem Modelltest:
Nehmen Sie Ihre Antworten wenn möglich selbst auf und analysieren Sie Ihre Antworten,
eventuell mit Hilfe einer deutschsprachigen Person.

Wichtiger Hinweis

In der Prüfung hören Sie vom Tonträger zunächst einen Einleitungstext, der Ihnen den
Verlauf der Prüfung zum Mündlichen Ausdruck erläutert. Diesen Einleitungstext haben Sie
bereits bei der Arbeit mit dem Übungsteil gehört (Track 15) und Aufgaben dazu gelöst
(s. S. 88). Sie können ihn auf S. 173 / 174 bei den Transkriptionen nachlesen.

Aus Platzgründen konnte der Einleitungstext beim Modelltest nicht noch einmal auf der CD
angeboten werden. Die CD beginnt also sofort mit den Aufgaben.

CD 2, 11 Hören und lösen Sie die Aufgaben 1 – 7. Sprechen Sie nach dem Sprechimpuls.

Mündlicher Ausdruck: siehe S. 85 – 112

Modelltest

Aufgabe 1

Sie studieren an einer deutschen Hochschule und möchten neben Ihrem Studium in einem Sprachkurs Englisch lernen. Sie rufen deshalb im Sprachenzentrum Ihrer Hochschule an.

Stellen Sie sich vor.
Sagen Sie, warum Sie anrufen.
Fragen Sie nach Einzelheiten zum Sprachkursangebot.

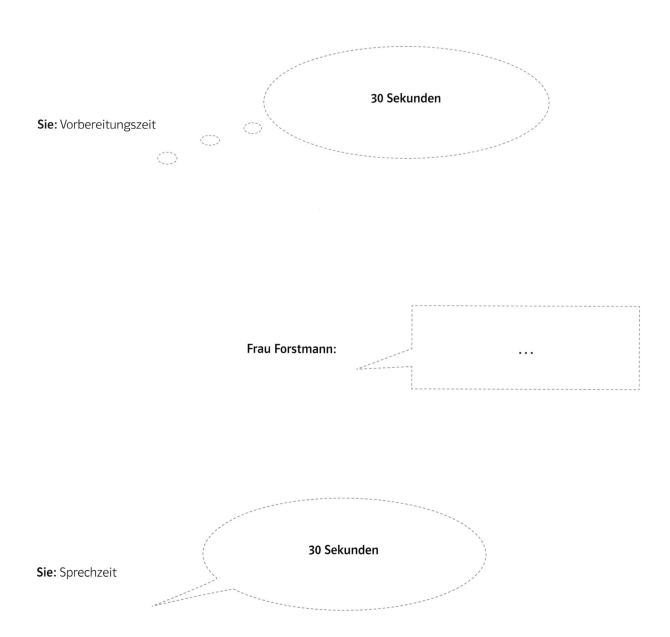

Sie: Vorbereitungszeit

30 Sekunden

Frau Forstmann:

...

Sie: Sprechzeit

30 Sekunden

Aufgabe 2

Sie treffen Ihre Kommilitonin Sabine in der Mensa. Sie ist zur Hochzeit einer Freundin eingeladen und fragt Sie, wie Hochzeiten in Ihrem Heimatland aussehen.

Beschreiben Sie,
- **wann junge Menschen in Ihrem Heimatland normalerweise heiraten**
- **und wie eine Hochzeitsfeier aussieht.**

Sie: Vorbereitungszeit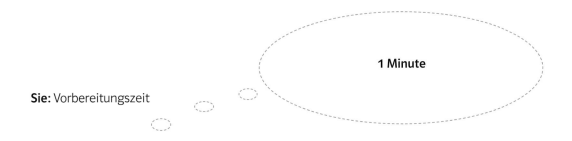

Sabine: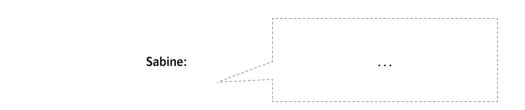

Sie: Sprechzeit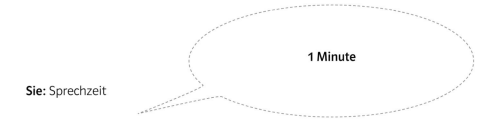

Aufgabe 3

In Ihrem Landeskundeseminar geht es heute um das Auslandsstudium deutscher Studenten. Ihre Dozentin, Frau Dr. Kehl, hat eine Grafik ausgeteilt, die die beliebtesten Länder für einen Auslandsaufenthalt zeigt. Frau Dr. Kehl bittet Sie, die Grafik zu beschreiben.

- Erklären Sie den anderen Kursteilnehmern zunächst den Aufbau der Grafik.
- Fassen Sie dann die Informationen der Grafik zusammen.

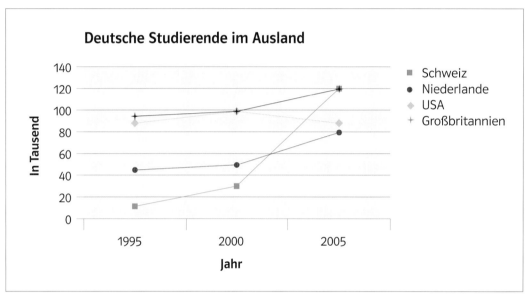

Nach: Statistisches Bundesamt 2007

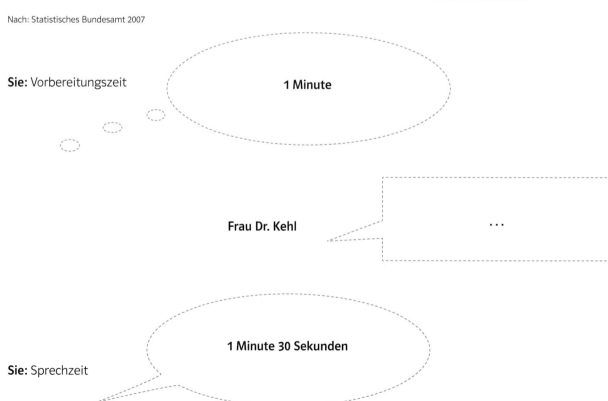

Sie: Vorbereitungszeit — 1 Minute

Frau Dr. Kehl — ...

Sie: Sprechzeit — 1 Minute 30 Sekunden

Aufgabe 4

An Ihrer Hochschule ist in den letzten Semestern die Zahl der Studienabbrecher in den ersten Semestern sehr stark gestiegen. In einer Diskussionsveranstaltung zu diesem Thema schlägt der Rektor der Hochschule Folgendes vor: Es sollte für alle Fächer Aufnahmeprüfungen geben, da das Abitur keine Aussage mehr über die Fähigkeiten der Studienbewerber mache.
Sie möchten sich zu diesem Vorschlag äußern. Der Diskussionsleiter, Herr Dr. Schmidt, erteilt Ihnen das Wort.

Nehmen Sie Stellung zu dem Vorschlag, Aufnahmeprüfungen einzuführen.
- **Wägen Sie die Vorteile und Nachteile dieses Vorschlags ab.**
- **Begründen Sie Ihre Zustimmung oder Ablehnung.**

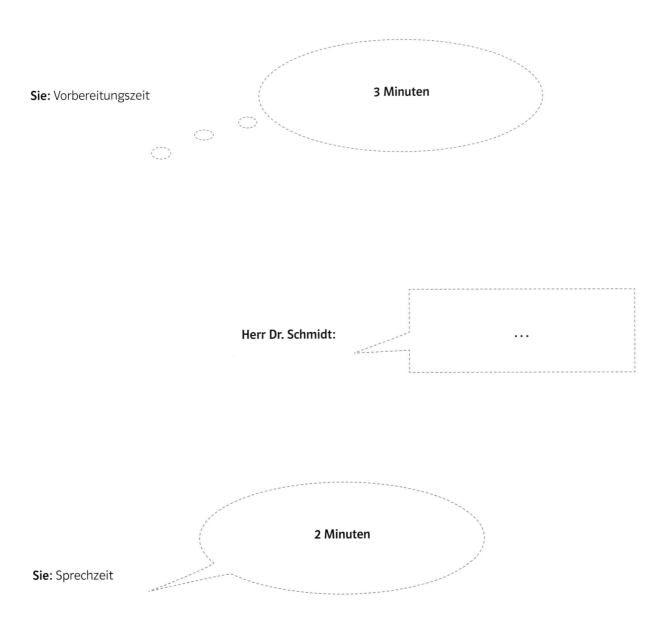

Sie: Vorbereitungszeit — 3 Minuten

Herr Dr. Schmidt: ...

Sie: Sprechzeit — 2 Minuten

Aufgabe 5

Ihre deutsche Studienfreundin Karin hat gerade mit Erfolg ihren Bachelor-Abschluss in Germanistik gemacht. Sie hat das Angebot bekommen, an einer Hochschule im Ausland Deutsch zu unterrichten. Allerdings ist die Bezahlung nicht so gut. Karins Professor bietet ihr an, an seinem Institut zu arbeiten und den Master-Abschluss zu machen.

Sagen Sie Karin, wozu Sie ihr raten.
– **Wägen Sie die Vorteile und Nachteile der beiden Möglichkeiten ab.**
– **Begründen Sie Ihre Meinung.**

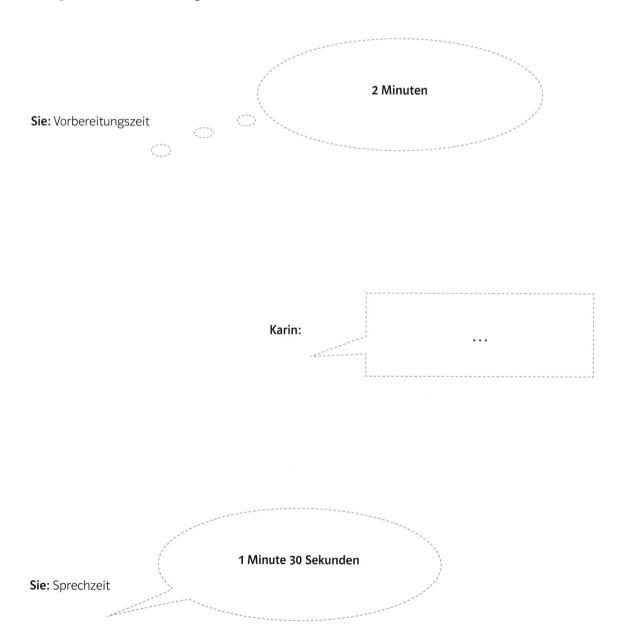

Sie: Vorbereitungszeit

2 Minuten

Karin: ...

Sie: Sprechzeit

1 Minute 30 Sekunden

Aufgabe 6

In Ihrem Soziologieseminar geht es heute um die Entwicklung der Familien in Deutschland.
Ihre Dozentin, Frau Professor Naumann, hat eine Grafik zu diesem Thema ausgeteilt. Die Grafik
zeigt, wie sich die Familienformen mit Kindern seit 1996 verändert haben. Frau Professor
Naumann bittet Sie, anhand der Grafik Ihre Überlegungen zu Gründen und Folgen dieser
Entwicklung vorzutragen.

– **Nennen Sie mögliche Gründe für die Entwicklung der Familienformen in Deutschland.**
– **Stellen Sie dar, wie Sie die Entwicklung in der Zukunft sehen und welche Auswirkungen
  Sie dadurch erwarten.**
– **Beziehen Sie bei Ihren Überlegungen die Daten der Grafik ein.**

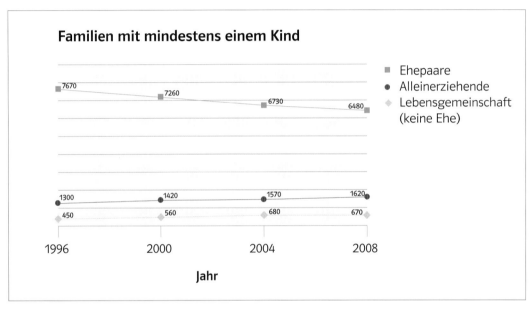

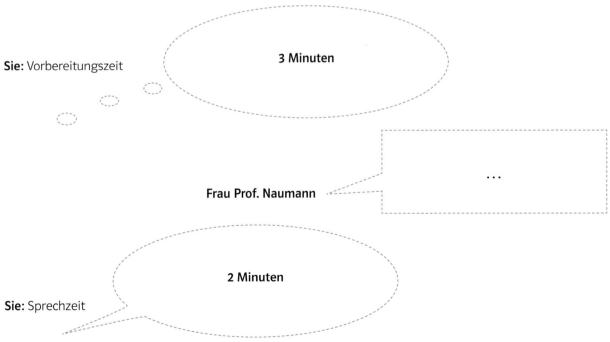

Aufgabe 7

Ihre Freundin Heike sucht einen Ferienjob. Heike erzählt Ihnen, dass sie in einem großen Freizeitbad als Aufsicht arbeiten kann und zwei Arbeitszeiten zur Auswahl hat. Statt montags bis freitags könnte sie am Wochenende arbeiten und hätte abends ab 19.00 Uhr frei. Bei dieser Arbeitszeit würde sie drei Euro mehr pro Stunde verdienen. Heike überlegt, welche Arbeitszeit sie nehmen soll.

Sagen Sie Heike, zu welcher Arbeitszeit Sie ihr raten.
Begründen Sie Ihre Meinung.

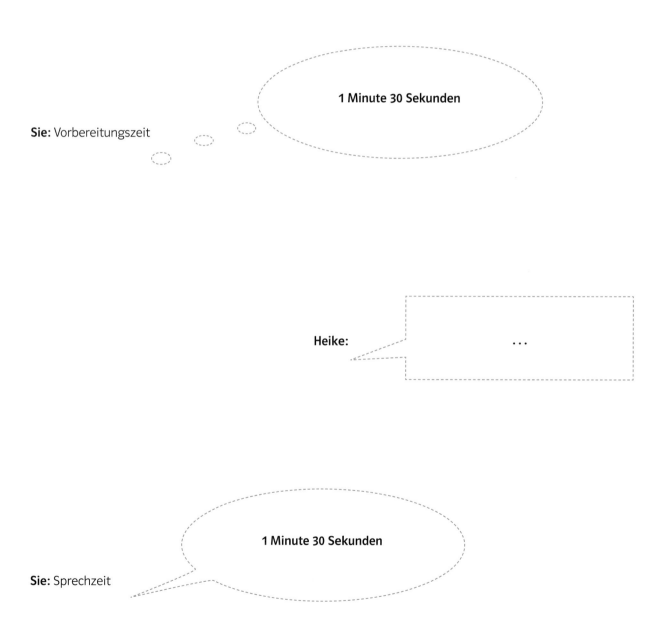

Sie: Vorbereitungszeit

1 Minute 30 Sekunden

Heike: ...

Sie: Sprechzeit

1 Minute 30 Sekunden

Leseverstehen 1

Aktivitäten in den Sommerferien (→ S. 134)

Item	Lösung	Kommentar
1	E	Der Text spricht zwar von „Englisch lernen" bzw. „verbessern". Dennoch gehört dies nicht zu Item 7. Denn gesucht wird eine sportliche Studentin / ein sportlicher Student zur Betreuung von sportlichen Aktivitäten. So wird Sportlichkeit mit Geld verdienen verbunden.
2	C	Fremde Kinder in den Ferien zu betreuen, ist ein soziales Engagement. Daher gehört dieser Text zu Item 2.
3	G	Fallschirmspringen ist kein alltäglicher Sport, sondern auch für einen sportlichen Menschen eine „Herausforderung".
4	I	Kein Text beschreibt ein Angebot ohne eine bestimmte Aktivität.
5	D	Der Text spricht davon, sich weiterzubilden. Daher gehört er zu Item 5, in dem von Lernen die Rede ist.
6	I	Menschen mit gleichen Interessen lernt man sicher bei jeder Aktivität kennen. Aber kein Text spricht dies direkt an.
7	I	Text E erwähnt zwar, dass viele Menschen nach Malta kommen, um die Sprache zu lernen oder zu verbessern. Doch in diesem Text werden junge Leute als Sportbetreuer gesucht. Kein Text hat das Lernen einer Sprache im Mittelpunkt.
8	B	Nur in Text B steht das „Geldverdienen" im Mittelpunkt. Die angebotenen Möglichkeiten sind genau richtig für jemanden, der eine größere Summe Geld braucht.
9	H	Wer mit einer Familie in einem fremden Land lebt und zudem Ausflüge macht, der lernt eine fremde Kultur kennen. Da auch von Urlaub die Rede ist, gehört dieser Text zu Item 9.
10	F	Germanistik ist ein Fach, das mit Sprache und ihrer Anwendung zu tun hat. Also passt dies zu der Forderung „Wenn Du sprachbegabt bist, ein entsprechendes Fach studierst …".

Leseverstehen 2

Die Glücksformel (→ S. 136)

Item	Lösung	Kommentar
11	B	Am Ende des ersten Abschnitts steht, dass glückliche Menschen nicht nur zufriedener, sondern auch gesünder sind.
12	A	Im zweiten Abschnitt findet man die Antwort, dass die positive P. untersucht, was „chronisch Glückliche" haben, das anderen Menschen fehlt. Das heißt, Item A ist richtig.
13	A	Im Text steht, dass Glück nichts mit Alter, Herkunft, Reichtum usw. zu tun hat, sondern, dass jeder etwas anderes darunter versteht.

14	C	Die Erklärung des Wortes steht im Satz nach dem Stichwort „Adaption": Der Mensch gewöhnt sich an das, was er hat – also auch an das Glück. Es wird „nach kurzer Zeit normal".
15	A	Hier findet man die Antwort im fünften Abschnitt: „Begeisterung ist das Ergebnis komplexer Vorgänge zwischen Hormonen und Nervenzellen im Gehirn." Einige Substanzen werden im nächsten Satz auch genannt.
16	B	Im Text wird beschrieben, dass „die Zellen im Gehirn schnell gesättigt sind". Das bedeutet: Sie brauchen dann wieder einen neuen Impuls, also mehr Hormone.
17	C	Die Entsprechung im Text ist: „Immunsystem, … und Psyche sind vielfältig miteinander vernetzt." Mit „vernetzt" ist aber keine Vernetzung durch Nerven gemeint, wie in Item A gesagt wird, sondern eine Vernetzung durch chemische Substanzen. Deshalb ist C richtig.
18	B	Dazu werden in manchen „Krankenhäusern Lachtherapeuten eingesetzt".
19	C	Optimisten sehen „eher die Möglichkeiten als die Schwierigkeiten".
20	A	Gerüche haben einen Einfluss auf unsere Stimmung, und gute Gerüche verbreiten eine positive Stimmung.

Leseverstehen 3

Forscher warnen vor Panik-Prognosen (→ S. 138)

Item	Lösung	Kommentar
(01)	Text sagt dazu nichts	Im Text wird zwar über die Bewegung von Gletschern gesprochen, aber nichts dazu gesagt, was die Forscher früher dachten.
(02)	Nein	Der Helheim-Gletscher fließt zwar „so schnell wie kaum ein anderer Gletscher auf der Welt", aber das bedeutet nicht, dass er am schnellsten fließt. Hier muss man also ganz genau lesen.
21	Nein	Diese Aussage ist falsch, weil die Fließgeschwindigkeit nicht „insgesamt", sondern nur „im unteren Bereich" zugenommen hat.
22	Ja	Dieses Item ist richtig, denn die Abbruchkante „wandert" laut Text „landeinwärts", also in Richtung Festland.
23	Text sagt dazu nichts	Die Forscher vermuten zwar, dass sich die Fließgeschwindigkeit im Laufe der Zeit immer wieder ändert, aber es gibt keine Aussage im Text, die besagt, dass die Geschwindigkeit abnehmen wird.
24	Nein	Im fünften Abschnitt des Textes wird eines der Modelle genannt, nach dem die Wissenschaftler versuchen, das Phänomen des Gletscherschmelzens zu erklären. Sie fragen sich, wie sich das Fließen infolge der Klimaerwärmung verändert. Sie haben jedoch noch nicht herausgefunden, wie ein Gletscher reagiert. Diese Aussage ist also falsch.
25	Nein	Auch dieses Item ist falsch, denn im Text steht, dass „die höheren Temperaturen an der Gletscheroberfläche den verstärkten Eistransport … nur teilweise erklären können." Somit ist nicht allein die Klimaerwärmung für eine erhöhte Abschmelzrate verantwortlich.
26	Text sagt dazu nichts	Im sechsten Abschnitt wird zwar von Schmelzwasser am Grund des Gletschers gesprochen, aber nichts dazu gesagt, ob der Gletscher am Grund schneller fließt.

27	Ja	Dass diese Aussage richtig ist, zeigt der erste Satz des siebten Abschnitts: Durch die Verwendung von „weder … noch" wird ausgedrückt, dass beide Modelle keine Erklärung („Ergebnisse") für die Beobachtungen in der Praxis geliefert haben.
28	Text sagt dazu nichts	Die Forscher haben zwar untersucht, <u>wie</u> sich „die Veränderungen an der Gletscherfront" auswirken können, aber es wird nichts dazu gesagt, ob die Gletscher dadurch schneller fließen.
29	Nein	Die Wissenschaftler wissen nur, dass die Gletscher mal langsamer und mal schneller fließen. Ebenso wird gesagt, dass das langsame Fließen „sicher kein Trend" ist. Also ist diese Aussage falsch.
30	Ja	Am Ende des Textes wird der Forscher Vieli mit den Worten zitiert, er mache sich Sorgen, dass die Ergebnisse missbraucht werden könnten. Damit ist eine falsche Interpretation gemeint. Deshalb ist diese Aussage richtig.

Hörverstehen 1

CD 2, 8 🎧 **Sprachenlernen im Tandem (→ S. 142/175)**

(0)	Was haben Susanne und Tina heute noch vor?	*ins Kino gehen*
1	Wo war Tina?	*im Tandem-Sprachkurs*
2	Warum kommt sie zu spät?	*hat nicht auf die Uhr geschaut / hat nicht auf die Zeit geachtet / hat sich gut unterhalten / hat die Zeit vergessen*
3	Wo verbringt Tina das nächste Semester?	*in Frankreich*
4	Wie funktioniert Tandem-Lernen?	*lernen mit Partner, 2 Stunden pro Woche / 2 Stunden pro Woche mit Partner lernen / je eine Stunde in jeder Sprache*
5	Wer legt fest, was gelernt wird?	*jeder bestimmt für seine Fremdsprache*
6	Welche Vorteile hat Tandem-Lernen? Nennen Sie zwei.	*man lernt viel über die Person / lernt Kultur kennen / lernt Lebensumstände kennen*
7	Wie bekommt man einen Tandem-Partner?	*Online-Formular des Sprachenzentrums / Anmeldung direkt beim Sprachenzentrum*
8	Wie viel kostet ein Tandem-Kurs?	*ist kostenlos / kostet nichts*

Modelltest

Hörverstehen 2

CD 2, 9 Studium und Spitzensport (→ S. 143 / 176)

	Richtig	Falsch	Kommentar
(0)		X	Frank Fischer koordiniert den Studiengang „Betriebswirtschaft für Spitzensportler" und hat nichts mit Vereinen zu tun.
9		X	Christian Köhrmann sagt: „Ich habe vorher ganz normal an der Uni Wirtschaft studiert. Nur aus zeitlichen Gründen hat das einfach nicht mehr gepasst und ich musste abbrechen." Das heißt, er hat zwar Wirtschaft studiert, konnte dieses Studium aber nicht beenden.
10		X	Die Aussage ist falsch, denn am Sonntag findet die Regeneration statt und: „... da wird mit der Mannschaft ausgelaufen". Diese Aussage ist entscheidend, denn es bedeutet, dass Christian Köhrmann im Verein sein muss.
11	X		Die Lösung findet man in der Aussage von Frank Fischer: Er sagt, „dass Sportler einfach keine Chancen haben, neben ihrem wirklich starken Sportgeschäft – Training, Wettkampf, Organisation und so weiter – an Präsenzstudiengängen teilzunehmen". Präsenzstudiengänge sind Studiengänge mit Anwesenheit in der Uni. Ein weiterer Hinweis auf die Lösung ist die Aussage, dass es im Studiengang „Betriebswirtschaft für Spitzensportler" keine Anwesenheitspflicht gibt.
12		X	Diese Aussage ist falsch. „Alle Sportler" würde bedeuten, dass auch Freizeit- und Hobbysportler das Fach studieren können. Frank Fischer sagt aber, dass der Studiengang für „hauptberufliche Sportler" gedacht sei. Damit sind nur die Sportler gemeint, deren Beruf der Sport ist.
13	X		Die Aussage ist richtig, denn im Text heißt es : „Über eine elektronische Lernplattform übers Internet finden virtuelle Gruppenarbeit und Leistungstests statt." Wichtig ist zu erkennen, dass das Wort „Leistungstests" ein Synonym für „Prüfungen" ist.
14		X	Die Aussage ist falsch, weil man im Studiengang auch Wahlpflichtmodule belegt, „um sich in eine bestimmte Richtung zu profilieren", d.h. zu spezialisieren.
15	X		Die Aussage ist richtig, denn Frank Fischer betont, dass man „viel für das Geld bekommt". Als Beispiel nennt er, dass ein Mentor zwölf Studierende betreut. Das ist eine kleine Gruppe und daher ein Vorteil.
16	X		Die Aussage ist richtig, denn er sagt, dass er am liebsten im Management eines Sportverein tätig wäre. Und: „Am liebsten würde ich natürlich weiter mit Handball zu tun haben. Es gibt auch bei jeder Handballmannschaft einen Marketingbereich."
17	X		Die Aussage ist richtig, da Frank Fischer davon spricht, dass man auch in Wirtschaftsunternehmen, die nichts mit Sport zu tun haben, tätig sein könne. Es gibt also keine Einschränkung.
18		X	Die Aussage ist falsch. Frank Fischer spricht davon, dass die Chancen auf einen Arbeitsplatz besonders hoch seien, wenn man Lerneinheiten aus dem Bereich Sportmanagement belegt hat. Das ist eine Spezialisierung, an der die Sportartikelhersteller besonders interessiert sind.

Hörverstehen 3

CD 2, 10 🎧 Ernährungswissenschaft: Neue Aufgaben durch „funktionelle Lebensmittel"(→ S. 144 / 177)

	Antwortvorschlag	Kommentar
(0)	*Essen und Kochen weiblich geprägt*	Die Frage, warum nur wenige Männer das Fach Ernährungswissenschaft studieren, wird im Text durch das Verweiswort „daher" erkennbar: *„In unserer Gesellschaft sind Kochen, Essen und gesunde Lebensweise stark weiblich geprägt. **Daher** ruft ein Studium mit dem Namen „Ernährungswissenschaft" eher bei Frauen als bei Männern Interesse hervor."*
19	*Wohlbefinden steigern, ernährungsbedingten Krankheiten vorbeugen*	Das Ziel der Produkte wird mit *„Sie sollen ..."* eingeleitet. Der Nebensatz, der mit *„indem ..."* beginnt, gehört nicht mehr zur Antwort, da hier die Art und Weise beschrieben wird, wie das Ziel erreicht wird.
20	*Menschen essen sich krank / Menschen essen ungesund / gesundes Essen wird wichtiger*	Wichtig bei dieser Antwort ist der Zusammenhang zwischen Ernährung und Krankheiten. Dieser Zusammenhang muss zum Ausdruck gebracht werden.
21	*physiologische Funktionen von Lebensmitteln werden erforscht u. Qualität optimiert* (Auch Nominalstil ist möglich:) *Erforschung der physiologischen Funktionen, Optimierung der Qualität*	Bei dieser Frage sind zwei Punkte zu erwähnen, die im Hörtext aber direkt hintereinander genannt werden: *„Die Wirkungen von Lebensmitteln werden gezielt auf physiologische Funktionen hin erforscht, und das Wissen dazu genutzt, die Qualitätseigenschaften von Lebensmitteln systematisch zu optimieren."* Nur der Kern der Aussage (unterstrichen) muss genannt werden.
22	*Nahrungsmittel mit kosmetischem Effekt / Nahrungsmittel, die schön machen*	Die erste Antwortvariante ist eine wörtliche Wiedergabe aus dem Hörtext. Die zweite Variante gibt die Textaussage sinngemäß in anderen Worten wieder.
23	*Substanzen haben langen Weg durch den Körper bis zur Haut*	Im Hörtext heißt es: *„Und hier beginnen die Schwierigkeiten der neuen Wissenschaft. Die Substanzen der funktionellen Lebensmittel müssen ihren Weg durch den Körper nehmen und deshalb ähnlich zusammengesetzt sein wie Arzneimittel. Der Weg bis zur Haut ist besonders weit."* Das Wort „Schwierigkeiten" zeigt als Schlüsselwort, dass hier die Antwort zur Frage nach einem „Problem" beginnt.
24	*wie gut der Körper die Substanzen aufnehmen kann und welche Menge*	Gefragt wird nach einem noch nicht gut bekannten Aspekt. Im Hörtext finden sich die Informationen nach dem Einleitungssatz: *„Zudem muss noch besser erforscht werden ..."*
25	*keine Probleme bei Jobsuche, Möglichkeit eines weiteren Studiums*	Da nach „Gründen" gefragt wird, sind mindestens zwei Teilantworten zu geben. Der letzte Textabschnitt spricht darüber, dass Ernährungswissenschaftler nicht lange nach einem Job suchen müssen (= keine Probleme bei Jobsuche) und anschließend ein Masterstudium oder sogar ein Medizinstudium anschließen können (= Möglichkeit eines weiteren Studiums).

Modelltest

Schriftlicher Ausdruck

Bei dem folgenden Text handelt es sich nur um einen Lösungsvorschlag. Es gibt oft verschiedene Wege, zu einer guten Lösung der Aufgabe zu kommen. Damit Sie wichtige Elemente eines guten Textes leichter erkennen können, sind besondere Redemittel unterstrichen und Verweiswörter und Konnektoren unterlegt. Schauen Sie sich genau an, wie Redemittel, Verweiswörter und Konnektoren in diesem Text verwendet werden. Aber lernen Sie diese sprachlichen Mittel nicht am Beispiel dieses Textes auswendig! Sie werden in jedem Text anders eingesetzt.

Im Lösungsvorschlag sind die Angaben zum Heimatland in die Argumentation eingebaut. Sie beziehen sich auf kein konkretes Land.

Zum Studium nach Deutschland (→ S. 148)

Deutschland wird für Studierende aus dem Ausland immer attraktiver. Soll Deutschland noch mehr um Studierende aus anderen Ländern werben? Der folgende Text beschäftigt sich mit dieser Frage.

Die Grafik, die nach einer Untersuchung des DAAD und HIS herausgegeben wurde, zeigt die Zahl der ausländischen Studierenden und die wichtigsten Länder, aus denen sie kommen. Es fällt sofort auf, dass die Zahl der Studierenden zwischen 2000 und 2004 sehr stark angestiegen ist, nämlich von 112 883 auf 180 306. Möglicherweise hängt dies damit zusammen, dass man stärker Werbung für ein Studium in Deutschland gemacht hat. Zwischen 2004 und 2006 ist die Zahl dann auf 189 450 weiter leicht gestiegen. Das bedeutet, dass jetzt 9,5 % aller Studierenden in Deutschland aus dem Ausland kommen. Die meisten ausländischen Studierenden kommen aus China (13,8 % oder in absoluten Zahlen: 26 061), vermutlich aufgrund der steigenden Wirtschaftsbeziehungen zwischen den Ländern. Die wenigsten Studierenden kommen aus Österreich (4 225). Ich vermute, dass die jungen Leute in Österreich lieber in einem fremdsprachigen Land studieren möchten. Viele ausländische Studierende kommen aus osteuropäischen Ländern (Bulgarien, Polen, Russland). Sehr wahrscheinlich ist Deutschland als wirtschaftlich starkes Land mit guter Ausbildung und Forschung sehr attraktiv. Ich kann dies nur bestätigen. In meiner Heimat wollen viele nach dem Abitur so wie ich in Deutschland studieren. Es arbeiten bei uns jetzt auch schon viele Menschen, die in Deutschland studiert haben. Sie haben gute Jobs gefunden oder besitzen sogar eine eigene Firma. Das macht das Studium in Deutschland jetzt noch interessanter.

Damit kommen wir zu der Frage, ob Deutschland noch mehr tun soll, um für Studierende aus anderen Ländern attraktiv zu sein. Dazu gibt es unterschiedliche Meinungen. Die Gegner von noch mehr Werbung sagen, dass die Zahl der ausländischen Studierenden nicht wichtig ist, sondern ihre Betreuung. Wer nicht gut betreut wird, z. B. durch Tutorien oder spezielle Sprachkurse, kann das Studium in einem fremden Land vielleicht nicht schaffen. Obwohl dieses Argument richtig ist, ist es auch notwenig, dass viele junge Menschen Erfahrungen mit Deutschland, seiner Wirtschaft und Forschung machen, denn die Welt wächst immer mehr zusammen.

So argumentieren auch die Befürworter dieser Idee. Sie sagen, dass ausländische Studierende für Deutschland wichtig seien, damit das Land in der Globalisierung mithalten kann. Wer in Deutschland studiert hat, hat nicht nur eine gute Ausbildung, sondern kennt auch das Land und die Sprache. Wenn man später im Heimatland in der Verwaltung oder bei einer Firma arbeitet, wird man sich für deutsche Waren oder deutsche Geschäftspartner entscheiden. Oder man kann in einer deutschen Firma arbeiten, die im eigenen Heimatland tätig ist, weil man beide Kulturen gut kennt.

Beim Vergleich der Argumente erscheinen mir die Argumente für mehr ausländische Studierende überzeugender. Alle Studierenden sollten gut betreut werden. Aber meiner Meinung nach ist es wichtig, dass es in Deutschland viele Studierende aus aller Welt gibt. Wenn sie ihre Kenntnisse in ihrer Heimat anwenden, hilft das nicht nur dem Heimatland, sondern auch deutschen Firmen, die dort Produkte verkaufen wollen.

Wichtiger Hinweis
⬡ Verwenden Sie für Ihren Text immer nur die Zahlen, die auf dem Diagramm bereits angegeben sind.

Transkriptionen

Auf den Seiten 166 – 175 finden Sie

• die Transkriptionen zum Übungsteil:
– Prüfungsteil „Hörverstehen": Hörtexte 1 – 9
– Prüfungsteil „Mündlicher Ausdruck": Aufgaben 1 – 7 mit jeweils 2 Beispielen

Auf den Seiten 175 – 178 finden Sie

• die Transkriptionen zum Modelltest:
– Prüfungsteil „Hörverstehen": Hörtexte 1 – 3
– Prüfungsteil „Mündlicher Ausdruck": Aufgaben 1 – 7

Zum Prüfungsteil „Mündlicher Ausdruck":

Am Anfang der Prüfung hören Sie vom Tonträger „Allgemeine Informationen". Sie hören diese Informationen auf der CD 1 (Track 15), Sie können sie hier auf S. 173 / 174 nachlesen.

Bitte lesen Sie auch die Hinweise auf S. 174 und S. 178.

Transkriptionen

CD 1, 1 🎧 **Hörtext 1: Der Arbeitsurlaub**

(zwei Studenten)

Martin: Hallo Joachim, ich dachte, du bist schon im Urlaub. Hast du keine Lust wegzufahren?

Joachim: Doch, natürlich. Ich bin noch hier, weil ich noch zwei Klausuren schreiben muss. Du bist ja auch noch nicht weg.

Martin: Ja, aber übermorgen geht's endlich los. Diesmal werde ich mich nicht wie im letzten Jahr an den Strand legen. Ich werde bei einem Projekt als freiwilliger Helfer mitarbeiten.

Joachim: Du willst im Urlaub freiwillig arbeiten?

Martin: Ja, warum denn nicht! Man lernt interessante Menschen kennen und macht etwas Sinnvolles. Ich werde mit zwei anderen Freiwilligen ein Team bilden. Wir helfen dann einem Archäologen und machen einfache Arbeiten, die den Fachmann nur viel Zeit kosten. Zum Beispiel müssen wir Gegenstände in der Erde freischaufeln, Entfernungen messen oder fotografieren.

Joachim: Dafür braucht man bestimmt keine besondere Ausbildung!

Martin: Nein. Aber Interesse für Geschichte sollte man schon haben, sonst wird es langweilig. Ich wollte ja als Kind schon Archäologe werden. Ich fand es immer spannend, zu sehen, wie die Leute früher gelebt haben, wie sie ihre Häuser gebaut haben oder welche Gegenstände sie benutzt haben. Jetzt kann ich das direkt erleben.

Joachim: Wie bist du denn darauf gekommen? Ich habe von so etwas noch nie gehört.

Martin: Ach, das war ein Zufall. Ein Nachbar meiner Eltern hat da schon mitgemacht und mir davon erzählt. Er hat in Afrika geholfen, ein Dorf mit Strom zu versorgen. Ich habe dann einfach im Internet nachgesehen, was es da alles gibt.

Joachim: Ja, klingt interessant. Bekommst du auch Geld dafür?

Martin: Nein, Geld bekomme ich nicht. Aber das Institut, das die Ausgrabungen macht, organisiert und bezahlt ein Zimmer. Und Essen bekomme ich auch kostenlos.

Joachim: Also, eigentlich machst du ganz umsonst Urlaub!

Martin: Na ja, nicht ganz! Denn ich muss natürlich die Reise dorthin bezahlen. Ja und der Organisation, die mich an dieses Projekt vermittelt hat, muss ich eine Gebühr von 80 Euro bezahlen. Das muss sein, sonst melden sich zu viele Leute an, die dann nicht kommen.

Joachim: Sag mal, solche Jobs gibt es doch nur im Ausland, z. B. in Griechenland, oder?

Martin: Nein, du kannst auch in Deutschland helfen. Die Organisation bietet Projekte auf der ganzen Welt an.

Hörtext 2: Die Akupunktur 🎧 CD 1, 2

(1 Student, 1 Studentin)

Tom: Hi, Mona!

Mona: Hallo, Tom!

Tom: Wie siehst du denn aus! Wieso hast du Pflaster auf den Ohren? Hast du dich verletzt?

Mona: Nein, ich hab' mich nicht verletzt. Ich hatte heute morgen eine Behandlung mit Akupunkturnadeln.

Tom: Akupunktur? Wofür soll das denn gut sein?

Mona: Du weißt doch, ich hab' im Frühling immer diese Probleme mit der Nase. Ich muss immer niesen, wenn ich an einer Wiese vorbeikomme. Manchmal ist es so schlimm, dass ich keine Luft mehr bekomme.

Tom: Und da sollen ein paar Nadeln helfen?

Mona: Das werde ich ja sehen. Ich hatte heute Morgen die erste Behandlung, da kann man natürlich noch nicht viel sagen. Aber du kennst doch Ulla von der Theatergruppe. Von der hab' ich den Tipp mit der Akupunktur bekommen. Sie ist fünf- oder sechsmal behandelt worden und hat jetzt keine Probleme mehr.

Tom: Wirklich!? Und ganz ohne Medikamente? Wie soll diese Akupunktur denn funktionieren?

Mona: Akupunktur kommt von der chinesischen Medizin. Und die sagt: Im Körper gibt es Energiebahnen. Und wenn eine solche Bahn blockiert ist, kannst du krank werden. Durch die Nadeln wird die Blockade gelöst, die Energie fließt wieder und man ist gesund. Ich habe die Nadeln bei der Behandlung ja nicht nur im Ohr, sondern auch im Gesicht, am Kopf und an den Händen.

Tom: Ach, lass mal! Ich kann an so etwas nicht glauben. Aber du kannst mich ja einfach damit überzeugen, dass du deinen Schnupfen los wirst. Dann reden wir weiter.

Mona: Gut. Im nächsten Frühling machen wir einen Spaziergang über die Wiesen.

> Sie sind in der Cafeteria Ihrer Hochschule und hören ein Gespräch zwischen einer Studentin und einem Studenten.
> Sie hören dieses Gespräch **einmal**.
> Lesen Sie jetzt die Aufgaben 1–8.
>
> Hören Sie nun den Text.
> Schreiben Sie beim Hören die Antworten auf die Fragen 1–8.
> Notieren Sie Stichwörter.

(Student, Studentin)

Markus: Hallo Julia!

Julia: Hi, Marcus!

Markus: Du strahlst ja so. Hast du im Lotto gewonnen?

Julia: Nein, gewonnen habe ich nicht. Aber schau mal, was ich vorhin mit der Post bekommen habe: Die Zusage für ein Praktikum.

Markus: Gratuliere! Und wo wirst du dein Praktikum machen?

Julia: Das ist ja das Tolle daran: Genau in der Klinik, die mir am besten gefallen hat. Und ich kann das Ganze in den Semesterferien machen, also die vorgeschriebenen acht Wochen an einem Stück. Das ist doch super, oder?

Markus: Und ob! Ich freu mich total für dich. Komm, ich lade dich zu einem Capuccino ein.

Julia: Markus, du weißt doch, dass ich von Kaffee immer so nervös werde. Aber einen Tee trinke ich gerne.

Markus: Entschuldige, ich hatte das vergessen. Aber erzähl doch mal: Wo ist die Klinik, hier in der Nähe?

Julia: Ich schätze mal so 20 Kilometer von hier. Ich hatte sie mir ja schon im letzten Monat angeschaut. Sie liegt direkt am Waldrand, wunderbar ruhig.

Markus: Ist das ein Allgemeinkrankenhaus?

Julia: Nein, es ist eine Spezialklinik für Menschen, die eine Operation an ihren Knochen hinter sich haben, zum Beispiel am Knie, an der Hüfte oder an der Wirbelsäule. Viele können deshalb noch nicht richtig laufen oder sitzen.

Markus: Weißt du schon, was du dort machen musst?

Julia: Nein, im Einzelnen weiß ich es natürlich noch nicht. Aber ich werde wohl in den verschiedenen Trainingsbereichen eingesetzt. Im Fitnessraum zum Beispiel. Dort müssen die Geräte auf die einzelnen Patienten eingestellt werden. Viele brauchen Hilfe, um überhaupt am Gerät trainieren zu können.

Markus: Das hört sich ja ganz schön nach Verantwortung an. Hast du keine Angst, etwas falsch zu machen?

Julia: Naja, so schlimm wird es nicht. Ich arbeite ja nicht allein mit den Patienten. Natürlich sind immer ausgebildete Therapeuten im Raum, die ich fragen kann und die helfen und korrigieren können.

Markus: Aber nur immer im Fitnessraum ist doch auch langweilig.

Julia: Es gibt auch eine große Badeabteilung mit einem Schwimmbad, wo die Leute schwimmen oder Wassergymnastik machen können. Und Räume für besondere Anwendungen, wie z. B. Massagen. In dieser Abteilung würde ich auch gerne arbeiten. Aber weißt du was, Markus: Am nächsten Sonntag findet in der Klinik ein „Tag der offenen Tür" statt. Ich gehe sowieso hin und wenn du willst, kommst du einfach mit.

Markus: Au ja, gern!

Interviewerin: In unserem heutigen Gespräch geht es um Computerspiele. Sie sind nämlich nicht nur für Spieler interessant. Auch Wissenschaftler unterschiedlicher Disziplinen befassen sich in letzter Zeit mit Computerspielen. Sie untersuchen z. B. die Wirkung auf Jugendliche, aber es gibt auch schon den ersten Studiengang „Computerspiele" in Deutschland. Dazu begrüße ich meine beiden Gäste Winfried Kaminski, Professor für Medienpädagogik an der Fachhochschule Köln, und Maic Masuch, Professor für digitale Spiele an der Fachhochschule Trier.
Herr Professor Kaminski, Sie gehören zu der kleinen Gruppe von Wissenschaftlern, die sich an deutschen Universitäten mit Computerspielen beschäftigen. Was genau machen Sie?

Interviewerin: Herr Professor Kaminski, Sie gehören zu der kleinen Gruppe von Wissenschaftlern, die sich an deutschen Universitäten mit Computerspielen beschäftigen. Was genau machen Sie?

Professor Kaminski: Also, wir spielen an unserem Institut alle Arten von Computerspielen. Wir wollen dabei herausfinden, welche Inhalte die Spiele haben. Wichtig ist natürlich auch, unter welchen Bedingungen jemand ein Computerspiel spielt und welche möglichen Auswirkungen ein Spiel auf den Spieler haben kann.

Interviewerin: Sie haben auch ein Beratungsangebot ins Leben gerufen, das sich „Spielraum" nennt. Was ist das und worum geht es dabei?

Professor Kaminski: Bei „Spielraum" machen Wissenschaftler und Pädagogen mit, aber auch Vertreter der Spielehersteller, die das Projekt finanziell unterstützen. Aber es ist jetzt ein eigenes Institut an der Fachhochschule Köln. „Spielraum" möchte den verantwortungsvollen Umgang mit Computerspielen fördern. El-

Transkriptionen

tern, Erzieher und Lehrer sollen in der Lage sein, den Kindern und Jugendlichen einen richtigen Umgang mit diesen Spielen zu zeigen. Wir wollen auch das Verständnis zwischen den Generationen fördern und zwischen den Spielinteressen der Kinder und Jugendlichen einerseits und den Sorgen und Bedenken der Erziehenden andererseits vermitteln.

CD 1, 7 🎧 **Hörtext 4: Computerspiele an der Hochschule**

> Sie hören ein Interview mit drei Gesprächsteilnehmern über die Erforschung von Computerspielen an deutschen Hochschulen.
> Sie hören dieses Interview **einmal**.
> Lesen Sie jetzt die Aufgaben 9–18.
>
> Hören Sie nun den Text.
> Entscheiden Sie beim Hören, welche Aussagen richtig oder falsch sind.
> Markieren Sie die passende Antwort.

(Interviewerin, Professor Kaminski, Professor Masuch)

Interviewerin: In unserem heutigen Gespräch geht es um Computerspiele. Sie sind nämlich nicht nur für Spieler interessant. Auch Wissenschaftler unterschiedlicher Disziplinen befassen sich in letzter Zeit mit Computerspielen. Sie untersuchen z. B. die Wirkung auf Jugendliche, aber es gibt auch schon den ersten Studiengang „Computerspiele" in Deutschland. Dazu begrüße ich meine beiden Gäste Winfried Kaminski, Professor für Medienpädagogik an der Fachhochschule Köln, und Maic Masuch, Professor für digitale Spiele an der Fachhochschule Trier.
Herr Professor Kaminski, Sie gehören zu der kleinen Gruppe von Wissenschaftlern, die sich an deutschen Universitäten mit Computerspielen beschäftigen. Was genau machen Sie?
Professor Kaminski: Also, wir spielen an unserem Institut alle Arten von Computerspielen. Wir wollen dabei herausfinden, welche Inhalte die Spiele haben. Wichtig ist natürlich auch, unter welchen Bedingungen jemand ein Computerspiel spielt und welche möglichen Auswirkungen ein Spiel auf den Spieler haben kann.
Interviewerin: Sie haben auch ein Beratungsangebot ins Leben gerufen, das sich „Spielraum" nennt. Was ist das und worum geht es dabei?
Professor Kaminski: Bei „Spielraum" machen Wissenschaftler und Pädagogen mit, aber auch Vertreter der Spielehersteller, die das Projekt finanziell unterstützen. Aber es ist jetzt ein eigenes Institut an der Fachhochschule Köln. „Spielraum" möchte den verantwortungsvollen Umgang mit Computerspielen fördern. El-

tern, Erzieher und Lehrer sollen in der Lage sein, den Kindern und Jugendlichen einen richtigen Umgang mit diesen Spielen zu zeigen. Wir wollen auch das Verständnis zwischen den Generationen fördern und zwischen den Spielinteressen der Kinder und Jugendlichen einerseits und den Sorgen und Bedenken der Erziehenden andererseits vermitteln.
Interviewerin: Herr Professor Masuch, es gibt ja noch kein einheitliches Fach Computerspielwissenschaft und keine gemeinsamen Forschungsmethoden. Ist das richtig?
Professor Masuch: Ja, das stimmt, Wissenschaftler aus den verschiedensten Disziplinen analysieren dieses junge Medium, und jeder macht das auf seine Art. Das heißt, jeder Experte, der jetzt irgendetwas damit zu tun hat, kommt aus seiner eigenen Fachdisziplin, sei es der Informatik oder den Gesellschaftswissenschaften und versucht dann, die spezielle Perspektive auf Computerspiele zu untersuchen. Also da ist jeder so ein bisschen Experte und alle müssen miteinander zusammen arbeiten, um überhaupt etwas herauszubekommen.
Interviewerin: An Ihrer Fachhochschule in Trier gibt es einen der ersten Computerspielstudiengänge in Deutschland, er heißt „Digitale Medien und Spiele". Was können die Absolventen denn in ihrem Berufsleben später machen?
Professor Masuch: Es gibt viele Möglichkeiten. Die Absolventen können direkt in die Spieleproduktion gehen, aber auch in die Medienpädagogik und in die Betreuungsarbeit. Dort sollen sie Jugendlichen dann zeigen, wie viel Spielen vernünftig ist und welche Spiele sinnvoll sind. Deshalb lassen wir die Studierenden in Trier selbst Spiele entwickeln, in denen es nicht nur darum geht, wie man den virtuellen Gegner am schnellsten aus dem Weg räumt.
Interviewerin: Herr Professor Kaminski, glauben Sie, dass es einen Einfluss der Wissenschaftler auf die Computerspielbranche geben kann?
Professor Kaminski: Ja, da muss man realistisch sein, der Einfluss ist natürlich eher gering. Ich meine, wir können Vorschläge machen, wir können den Herstellern Hinweise geben, wo sozusagen Grenzwerte erreicht sind, sowohl in der öffentlichen Diskussion, als auch nach privaten Meinungen. Die Entscheidung, was sie auf den Markt bringen, auch in Zukunft, die können wir den Herstellern nicht abnehmen.
Interviewerin: Auch an anderen Hochschulen arbeiten Wissenschaftler mit Computerspielen. Die Zahl der entsprechenden Studiengänge ist aber bislang noch begrenzt. Fühlen sich die Computerspielforscher in der Welt der Hochschulen denn schon ernst genommen, Herr Professor Masuch?
Professor Masuch: Es ist so, dass unsere Arbeit unter den wissenschaftlichen Kollegen gar nicht mal so sehr

diskutiert wird. Natürlich gibt es immer jemanden, der fragt, ob das auch etwas Seriöses ist und ob man denn so etwas machen sollte. Aber ich glaube, die am meisten erstaunten Gesichter sieht man zum Beispiel bei Eltern von Studierenden. Die fragen dann: „Was soll mein Kind da machen?" Auch Journalisten oder Politiker fragen manchmal skeptisch, ob man dann bei uns fürs Spielen einen Schein bekommt.

CD 1, 8 **Hörtext 5: Trinkwasserprobleme**

(Journalist, Frau Dr. Menzel-Hartmann)

Journalist: Frau Doktor Menzel-Hartmann, werden wir in Zukunft genug Trinkwasser auf der Erde haben?
Frau Dr. Menzel-Hartmann: Das größte Problem für die Erde in der Zukunft ist sicher die Überbevölkerung. In vierzig bis fünfzig Jahren werden wir etwa zehn Milliarden Menschen sein. Dann wird das Trinkwasser nicht mehr für alle Menschen reichen.
Journalist: Gibt es denn nicht genug Grundwasser?
Frau Dr. Menzel-Hartmann: 1,1 Prozent des Wassers auf der Erde ist Grundwasser. Das hört sich nach wenig an, aber es ist zehnmal mehr als es Wasser in allen Seen und Flüssen der Erde gibt. Diese Menge reicht aus, um alle Menschen zu versorgen.
Journalist: Wird das auch in den nächsten Jahrzehnten so bleiben?
Frau Dr. Menzel-Hartmann: Heute lebt mehr als die Hälfte der Weltbevölkerung ungefähr sechzig Kilometer vom Meer entfernt. Man kann heute schon bemerken, dass dort der Grundwasserspiegel um mehrere Meter im Jahr sinkt. In der Zukunft wird dies noch stärker werden.
Journalist: Gibt es eine Möglichkeit, das Problem bald zu lösen?
Frau Dr. Menzel-Hartmann: Also, wir müssen zunächst das Grundwasser besser erschließen. Ausreichen wird das aber nicht. Ein Ziel muss es sein, das benutzte Grundwasser zu reinigen und wieder in die Erde zurückzuführen. Denn es dauert Jahrhunderte, bis das Wasser auf natürliche Weise zurückfließt. Bei diesen Verfahren gibt es aber gesundheitliche Risiken, die wir noch nicht kontrollieren können. Es wird also noch sehr lange dauern, bis wir alle Probleme lösen können.
Journalist: Frau Dr. Menzel-Hartmann, ich danke Ihnen für das Gespräch.

Hörtext 6: Bildungsmonitor veröffentlicht   CD 1, 9

Sie hören ein Interview mit zwei Gesprächsteilnehmern über Ranglisten, die zeigen sollen, wie gut die Bildung in den deutschen Bundesländern ist.
Sie hören dieses Interview **einmal**.
Lesen Sie jetzt die Aufgaben 9 – 18.

Hören Sie nun den Text.
Entscheiden Sie beim Hören, welche Aussagen richtig oder falsch sind.
Markieren Sie die passende Antwort.

(Jörg Biesler, Oliver Stettes: zwei Wissenschaftler)

Jörg Biesler: Die Organisation „Neue Soziale Marktwirtschaft" gibt beim Institut der Deutschen Wirtschaft regelmäßig einen Bildungsmonitor in Auftrag. Die Wissenschaftler des Instituts stellen dann Ranglisten auf, in denen die einzelnen Bundesländer nach Kriterien geordnet werden. Doktor Oliver Stettes ist einer der Autoren der Studie. Guten Tag.
Oliver Stettes: Schönen guten Tag, Herr Biesler.
Biesler: Rankings sind ja in letzter Zeit sehr umstritten. Bei Ihnen werden die Bundesländer in ein Ranking sortiert, um gute und schlechte Bundesländer voneinander zu unterscheiden. Über diese Unterscheidung, die ja dann doch irgendwie vergröbernd und pauschal ist, ist in letzter Zeit sehr heiß diskutiert worden. Sie setzen dennoch darauf. Warum?
Stettes: Es gibt zwei Gründe. Zum einen ist es so, dass wenn man die Bundesländer miteinander vergleicht, man auch wissen möchte, wer macht etwas besonders gut, wer erzielt in welchem Bereich besonders viele Fortschritte und in welchem Land gibt es noch besonderen Handlungsbedarf. Das kann man hervorragend an einem Ranking zeigen. Man kann zum einen sehen, wie die Bundesländer zu einem bestimmten Zeitpunkt zueinander stehen, aber auch, wie sich die Bundesländer im Zeitablauf entwickeln. Ein Element des Bildungsmonitors ist es, dass wir den Zustand heute mit dem Zustand von vor vier Jahren vergleichen.
Biesler: Also, ein bisschen Konkurrenz soll auch bei der ganzen Sache dabei sein?
Stettes: Richtig. Wir haben einen Bildungsföderalismus, d. h. wir haben Bildungskompetenzen, die in den Bundesländern liegen. Dann ist es selbstverständlich, dass man auch ein bisschen den Wettbewerb fördern möchte, so dass diejenigen, die vielleicht momentan noch ein bisschen hinten dran stehen, von denjenigen lernen, die vorne stehen.
Biesler: Was würden Sie in so einem Ranking als gut definieren? Also, welches Bundesland ist besonders gut und warum, und was ist dort besonders schlecht?

Transkriptionen

Stettes: Das hängt natürlich von der Fragestellung ab, die Sie mit einem Ranking verbinden. Wir haben eine übergeordnete Fragestellung. Einerseits fragen wir, ob von dem Bildungswesen in den Bundesländern positive Wachstumsimpulse ausgehen. Zum Zweiten, ob die Bildungssysteme in den Bundesländern gerechte Bildungschancen bieten, damit jeder Einzelne später im Berufsleben oder im gesellschaftlichen Leben ausreichend teilhaben kann. Von dieser Fragestellung ausgehend, teilen wir den Bildungsmonitor in dreizehn Handlungsbereiche auf, die auch für die Politik eine Leitlinie sein können, wo es besonders gute Fortschritte gegeben hat, und wo es noch dringenden Handlungsbedarf gibt.

Biesler: Was ist der Kern, worauf es Ihnen ankommt, was sind die wichtigsten Ergebnisse?

Stettes: Also, wir untersuchen dreizehn Handlungsbereiche unterschiedlichster Fragestellung, von denen wir allesamt ausgehen, dass sie mit Blick auf die Zielfragestellung wichtig sind. Was uns wichtig ist, ist zu dokumentieren, was eigentlich im Zeitablauf mit unserem Bildungssystem in den einzelnen Bundesländern passiert. Hat die Politik reagiert und spiegelt sich das auch in den statistischen Daten der Bundesländer wider? Denn diese drücken im Grunde genommen die Situation aus. Was wir beobachten können, ist ein erzielter Fortschritt in Bezug auf die Bildungszeit. Wir haben durch die Umstellung auf den Bachelor und Master die Ausbildungszeiten an den Hochschulen verkürzt. Wir haben ein stärkeres Bewusstsein, dass das Drehen von Ehrenrunden in den Schulen für den Schulerfolg nicht zuträglich ist. Und was wir auch beobachten können, ist, dass die Zahl der vorzeitig aufgelösten Ausbildungsverträge deutlich gesenkt worden ist. Das heißt, wir sparen insgesamt wertvolle Lebenszeit für die jungen Menschen ein.

Biesler: Das heißt also, wenn jemand nicht so lange studiert, ist das gut für die Wirtschaft, weil die Zeit nicht auf der Hochschule verbracht wird, wo sozusagen kein Wert erwirtschaftet wird, sondern schon im Berufsleben. Ist das die Herangehensweise?

Stettes: Genau, letzten Endes ist das für beide gut. Die Studierenden gelangen früher in das Berufsleben und haben die Möglichkeit, ihr breites Fachwissen, das sie an den Universitäten erworben haben, durch praktisches Fachwissen im Beruf zu erweitern. Dann können sie schauen, was es für Fortbildungsmöglichkeiten gibt, wenn sie beispielsweise an einen Bachelor später einen Master anschließen möchten.

Biesler: Oliver Stettes vom Institut der Deutschen Wirtschaft über den heute vorgestellten Bildungsmonitor, der die Systeme der einzelnen Bundesländer aus Sicht der Wirtschaft wertend vergleicht. Vielen Dank.

Hörtext 7, Auszug 1 CD 1, 10

Professor Schmölzer: In Unternehmen und Schulen gibt es seit einiger Zeit eine neue Fehlerkultur. Fehler sollen helfen, den Produktions- oder den Lernprozess zu verbessern. Die Hirnforschung liefert uns dafür neue Erkenntnisse.

Wenn man die Nervenverbindungen zählt, die von allen Sinnesorganen zum Gehirn führen, damit es Informationen von außen aufnehmen und verarbeiten kann, kommt man auf insgesamt 2,5 Millionen Fasern. Über diese Fasern können bis zu 300 Impulse pro Sekunde transportiert werden. Über 1,5 Millionen Fasern geben umgekehrt etwa 300 Impulse pro Sekunde „heraus", so dass das Gehirn letztlich als Hochleistungsrechner verstanden werden kann. Dennoch arbeitet unser Gehirn trotz dieser riesigen Datenmengen meistens ohne Störungen und Fehler.

Hörtext 7, Auszug 2 CD 1, 11

Professor Schmölzer: … Über 1,5 Millionen Fasern geben umgekehrt etwa 300 Impulse pro Sekunde „heraus", so dass das Gehirn letztlich als Hochleistungsrechner verstanden werden kann. Dennoch arbeitet unser Gehirn trotz dieser riesigen Datenmengen meistens ohne Störungen und Fehler.

Wie ist dies möglich? Schauen wir uns zunächst die Informationsverarbeitung im Bereich der Sprache und des Sprechens an. Wenn wir einen Menschen sprechen hören, muss unser Gehirn komplizierte akustische Muster identifizieren können, und es muss diese auch noch mit Bedeutungen versehen, die helfen, den Inhalt des Gesprochenen zu erschließen. Dabei könnte es passieren, dass die große Zahl an Informationen das Gehirn einfach überfordert, weil es auch Informationen erhält, die für den Inhalt des Gesprochenen unwichtig sind, wie z. B. ein unerwünschtes Nebengeräusch. Doch unser Gehirn funktioniert auch hier perfekt, weil es schon viel gehört, sich davon aber nur die Regeln gemerkt hat, mit deren Hilfe es die Informationen strukturiert. Eine dieser Regeln besagt etwa, dass ein „t" ein Laut ist, der eine ganz bestimmte akustische Geometrie hat, die ihn von allen anderen Lauten unterscheidet. Dieses Wissen ist gespeichert und hilft dem Gehirn, die Datenmenge zu strukturieren.

Warum entscheiden wir uns meistens richtig, wenn wir zum Beispiel ein Auto kaufen wollen?

Hörtext 7: Warum wir uns irren

> Sie hören einen kurzen Vortrag von Professor Schmölzer darüber, warum Menschen Fehler machen.
> Sie hören diesen Vortrag **zweimal**.
> Lesen Sie jetzt die Aufgaben 19–25.
>
> Hören Sie nun den Text ein erstes Mal.
> Beantworten Sie beim Hören die Fragen 19–25 in Stichworten.

(Professor Schmölzer, Hirnforscher)

Professor Schmölzer: In Unternehmen und Schulen gibt es seit einiger Zeit eine neue Fehlerkultur. Fehler sollen helfen, den Produktions- oder den Lernprozess zu verbessern. Die Hirnforschung liefert uns dafür neue Erkenntnisse.

Wenn man die Nervenverbindungen zählt, die von allen Sinnesorganen zum Gehirn führen, damit es Informationen von außen aufnehmen und verarbeiten kann, kommt man auf insgesamt 2,5 Millionen Fasern. Über diese Fasern können bis zu 300 Impulse pro Sekunde transportiert werden. Über 1,5 Millionen Fasern geben umgekehrt etwa 300 Impulse pro Sekunde „heraus", so dass das Gehirn letztlich als Hochleistungsrechner verstanden werden kann. Dennoch arbeitet unser Gehirn trotz dieser riesigen Datenmengen meistens ohne Störungen und Fehler.

Wie ist dies möglich? Schauen wir uns zunächst die Informationsverarbeitung im Bereich der Sprache und des Sprechens an. Wenn wir einen Menschen sprechen hören, muss unser Gehirn komplizierte akustische Muster identifizieren können, und es muss diese auch noch mit Bedeutungen versehen, die helfen den Inhalt des Gesprochenen zu erschließen. Dabei könnte es passieren, dass die große Zahl an Informationen das Gehirn einfach überfordert, weil es auch Informationen erhält, die für den Inhalt des Gesprochenen unwichtig sind, wie z. B. ein unerwünschtes Nebengeräusch. Doch unser Gehirn funktioniert auch hier perfekt, weil es schon viel gehört und sich davon aber nur die Regeln gemerkt hat, mit dessen Hilfe es die Informationen strukturiert. Eine dieser Regeln besagt etwa, dass ein „t" ein Laut ist, der eine ganz bestimmte akustische Geometrie hat, die ihn von allen anderen Lauten unterscheidet. Dieses Wissen ist gespeichert und hilft dem Gehirn die Datenmenge zu strukturieren.

Warum entscheiden wir uns meistens richtig, wenn wir zum Beispiel ein Auto kaufen wollen? Hier spielt das so genannte „Bauchgefühl" eine wichtige Rolle. Wir können uns auch hier auf Regeln verlassen, die unser Gehirn gespeichert hat. Wenn wir sagen, wir entscheiden uns „mit dem Bauch", dann ist das eine erfolgreiche Strategie, weil unsere 20 Milliarden Nervenzellen im Gehirn von alleine das Richtige machen und wir deswegen gar nicht mehr darüber nachdenken müssen. Wir treffen aufgrund der Lebenserfahrungen, die wir gemacht haben, meistens eine richtige Entscheidung.

Schauen wir uns ein Experiment an, bei dem Studenten ein Auto kaufen mussten. Sie sollten aus vier angebotenen Autos eines auswählen. Einer Gruppe der Teilnehmer präsentierten die Wissenschaftler vier Sätze pro Auto, die das Fahrzeug näher beschrieben. Der anderen Gruppe legte man 12 Sätze vor. Das Ergebnis war: Wenn die Studenten nur vier Informationen pro Auto erfahren hatten, dann kauften sie in 50 Prozent der Fälle das richtige Auto. Wenn sie aber 12 Informationen pro Auto bekommen hatten, trafen sie nur in ca. 20 Prozent der Fälle die richtige Entscheidung. Und wenn sie keine Zeit zum Nachdenken hatten, dann kauften sie sogar in 60 Prozent der Fälle das richtige Auto. Mit anderen Worten: Wenn es richtig kompliziert ist und wenn man keine Zeit zum Nachdenken hat, dann trifft man die richtige Entscheidung mit deutlich größerer Wahrscheinlichkeit.

Prinzipiell kann man sagen: Das Gehirn macht Fehler, weil die Kapazitäten des bewussten Denkens sehr begrenzt sind, weil es zugleich schnell arbeiten muss und eine große Menge an Informationen zu verarbeiten hat. Besonders wichtig ist in diesem Zusammenhang: Das Gehirn muss ständig Voraussagen über eine ungewisse Zukunft machen, auch daraus resultieren Fehler. Wir Menschen machen also Fehler und meistens merken wir dies auch. Die Wissenschaft hat in den letzten Jahren herausgefunden, dass wir im Gehirn einen Bereich haben, dessen Aufgabe es unter anderem ist, uns einen Fehler zu melden. Er meldet uns auch, wenn wir gerade dabei sind, einen Fehler zu machen, so dass wir dann oft noch Zeit zur Korrektur haben.

Wir können und wollen Fehler nicht um jeden Preis vermeiden, und umgekehrt kann es auch nicht sein, dass man sagt: „Habt ihr heute schon einen Fehler gemacht?" Natürlich kann man aus Fehlern lernen, aber sie deswegen zu machen, ist auch keine gute Idee.

Transkriptionen

(Wissenschaftlerin)

Meine Damen und Herren,
stellen Sie sich folgende Situation vor: Eine Horde Paviane hat die Nacht sicher in den Bäumen verbracht. Am Morgen rufen die Tiere ohrenbetäubend, die Gruppe findet zusammen und zieht dann gemeinsam weiter. Was sich für die meisten Menschen nach bloßem Geschrei anhört, liefert den Pavianen vielfältige Informationen.
Ich möchte mit der Bedeutung bestimmter Rufe der Affen beginnen. Paviane machen ungewöhnliche Laute, wenn sie zum Beispiel die Gruppe verloren haben oder wenn sie den Kontakt zum Kind verloren haben. Dann kann man die Erregung sehr gut heraushören. Wir wissen auch, dass sie bestimmte Rufe haben, wenn sie zum Beispiel Angst haben. Also man kann schon viel herausfinden, was gerade passiert, auch wenn man es nicht sieht.
Infolgedessen kann man durch jedes Brüllen oder Knurren auch viel über das rufende Tier herausfinden. Wir haben herausgefunden, dass Männchen spezifische Eigenschaften, die sie haben, in den Rufen gewissermaßen verstärken. Das heißt, die Rufe der ranghöchsten Männchen mit der größten Kampfkraft hören sich ganz anders an als die Rufe von Männchen, die alt geworden sind und sich nicht mehr so gut verteidigen können.
Was bedeutet das nun für den Menschen? Die Besonderheit des Menschen liegt nicht in seiner Fähigkeit, Informationen herauszuhören, Laute mit Bedeutungen zu verknüpfen oder feinste Bewegungen im Sprechapparat millisekundenschnell zu koordinieren. Entscheidend für die menschliche Sprache ist der Wille zur Kommunikation. Natürlich beeinflussen Tiere das Verhalten ihrer Artgenossen durch Laute, etwa wenn ein dominanter Pavian einen anderen drohend anknurrt. Aber der Laut ist dabei eher ein Werkzeug, mit dem sich eine bestimmte Reaktion erzielen lässt und weniger die gezielte Übermittlung einer Information. Paviane und andere Tiere haben keine Vorstellung davon, was im Kopf ihrer Artgenossen vorgeht.
Abschließend lässt sich also sagen, dass die Menschen ihre Sprache entwickeln konnten, als sie begannen, sich in den anderen hineinzuversetzen. Die dafür nötigen Bausteine lassen sich durch das Studium der Vögel, Hunde oder Affen analysieren. Warum sich die Menschen aber anders als die Paviane für die Gedanken ihrer Mitmenschen interessieren, das wird wohl immer ein Geheimnis bleiben.

Meine Damen und Herren, ich danke für Ihre Aufmerksamkeit.

> Sie hören ein Interview mit dem Planetenforscher Professor Neukum über das wissenschaftliche Interesse am Mond.
> Sie hören dieses Interview **zweimal**.
> Lesen Sie jetzt die Aufgaben 19 – 25.
>
> Hören Sie nun den Text ein erstes Mal. Beantworten Sie beim Hören die Fragen 19 – 25 in Stichworten.

(Interviewerin, Professor Neukum)

Interviewerin: Herr Professor Neukum, LEO ist der Name einer vom Deutschen Zentrum für Luft- und Raumfahrt geplanten unbemannten Forschungsmission zum Mond. Sie sollte ursprünglich im Jahr 2012 starten, das Projekt wurde aber vorerst eingestellt. Warum ist dieses Projekt so interessant für Sie?
Professor Neukum: Lange Zeit war der Mond wissenschaftlich gesehen etwas out. Das hat sich in letzter Zeit dramatisch geändert. Die USA und sogar Indien planen Flüge zum Mond, die Japaner und Chinesen sind schon dort. Wir möchten das wissenschaftlich begleiten. In etlichen Bereichen wissen wir heute doch mehr über den Mars als den Mond, weil der Rote Planet mit Sonden in sehr hoher Auflösung, in Stereo und in Farbe erfasst worden ist.
Interviewerin: Was haben die Wissenschaftler durch die Apollo-Flüge über den Mond gelernt?
Professor Neukum: Das Alter der Mondoberfläche ist in den 60er-Jahren völlig falsch eingeschätzt worden. Die Schätzungen lagen bei einigen Millionen Jahren, kühnste Prognosen sprachen von zehn bis 100 Millionen Jahren. Heute wissen wir, dass die Oberfläche mehrere Milliarden Jahre alt ist. Auch bei den Kratern lag man schwer daneben. Im Wesentlichen vermuteten die Geologen damals, es handele sich um Vulkane. Nur die kleine Gruppe der Anhänger der Einschlagstheorie – dazu gehöre auch ich – sahen das anders. Das hat sich dann auch als richtig herausgestellt. Der Mond war damals der erste Einstieg in die Planetenforschung mit harten Fakten. Mit diesem Wissen im Hintergrund wurde dann der Mars in Angriff genommen.
Interviewerin: Und warum wollen Sie nun erneut den Mond erkunden?
Professor Neukum: Vieles in unserem Sonnensystem können wir nur verstehen, wenn wir den Mond genauer unter die Lupe nehmen. Vor allem, wenn man tatsächlich eines Tages Menschen zum Mars schicken will, müssen wir erst den Mond erforschen. Derzeit ist ja keine Nation in der Lage, Menschen zum Mond zu

entsenden. Dieses Wissen ist mit dem Ende der Apollo-Missionen verschwunden. Die in den 60er-Jahren entwickelte Saturn-5-Rakete kann nicht mehr gebaut werden. Das Space Shuttle der NASA kann man nur eine Hilfe nennen, mit der Menschen gerade in eine Erdumlaufbahn gebracht werden können – mehr nicht. Für eine richtige Feldgeologie benötigen wir aber später bemannte Stationen auf dem Mond.

Interviewerin: Was halten Sie von der wirtschaftlichen Nutzung des Mondes?

Professor Neukum: In ferner Zukunft wird man auch daran denken müssen. Zum einen können dort große Teleskope aufgestellt werden, aber auch gewaltige Teilchenbeschleuniger – möglicherweise um den ganzen Mond herum – sind denkbar. Das größte wirtschaftliche Potenzial hat sicher Helium – das gibt es dort tatsächlich – als Brennstoff für Kraftwerke auf der Erde, die die Energieerzeugung der Sonne nachahmen.

Interviewerin: Von den Vorstellungen einer wirtschaftlichen Nutzung des Mondes ist LEO aber weit entfernt.

Professor Neukum: Das stimmt. Mit unserer Sonde könnten wir den Mond in allen Bereichen des Lichts vermessen – vom Röntgenlicht über das sichtbare Licht bis in den Radarbereich. Dadurch wäre die chemische Zusammensetzung der obersten Mondschicht bestimmbar. Zu klären ist auch, ob es eine gewaltige Häufung der Einschläge vor 3,8 Milliarden Jahren gegeben hat. Das wird gerne in Verbindung mit dem Beginn des Lebens auf der Erde gebracht. Diese Grundfragen der Entstehung und Entwicklung der Planeten möchten wir gerne klären. Wir arbeiten immer noch mit Daten aus den 60er-und frühen 70er-Jahren. Damals hat man die ersten groben Experimente geflogen. Inzwischen sind wir sehr viel besser. Der Mond ist unser wertvollstes Archiv aus der Frühzeit des Sonnensystems.

Interviewerin: Planetenforscher fordern die Politiker auf, die geplante LEO-Mission weiter zu finanzieren. Was wünschen Sie sich?

Professor Neukum: Unser Ziel ist es, mit LEO weiterzumachen. Eine kleine Verzögerung ist kein Problem. Aber die deutschen Wissenschaftler haben sich so raffinierte Experimente dafür ausgedacht, dass wir in der Mondforschung einen großen Vorsprung hätten. Vor allem für unsere jungen Nachwuchsforscher wäre das eine Chance. Erstmals auch sollen Schülerinnen und Schüler direkt bei der Auswertung der Daten mithelfen. Wenn dieses Programm endgültig gestoppt würde, dann hätten unsere jungen Wissenschaftler keine vernünftige Zukunftsperspektive.

Übungsteil. Mündlicher Ausdruck

Allgemeine Informationen zum Ablauf der Prüfung CD 1, 15

Bevor die Prüfung beginnt, überprüfen Sie bitte: Ist Ihr Aufnahmegerät bereit?

Funktioniert das Mikrofon?

Wenn es Schwierigkeiten gibt, bitte melden Sie sich.

Bitte drücken Sie nun die Aufnahmetaste Ihres Kassettenrekorders (wenn dies nicht automatisch geschieht) oder starten Sie die Aufnahme per Mausklick auf Ihrem Computerbildschirm.

Bevor wir mit der Prüfung beginnen, benötige ich allgemeine Informationen von Ihnen.

Sie hören nun einen Signalton. Bitte nennen Sie nach dem Signalton Ihre Teilnehmernummer.

Nach dem nächsten Signalton nennen Sie bitte das heutige Datum.

Bitte nehmen Sie nun das Aufgabenheft zur Hand und lesen Sie die allgemeinen Anweisungen auf Seite 3. Ich lese sie Ihnen vor.

Der Prüfungsteil „Mündlicher Ausdruck" besteht aus sieben Aufgaben, in denen Ihnen unterschiedliche Situationen aus dem Universitätsleben vorgestellt werden. Sie sollen sich zum Beispiel informieren, Auskunft geben oder Ihre Meinung sagen.

Jede Aufgabe besteht aus zwei Teilen: Im ersten Teil wird die Situation beschrieben, in der Sie sich befinden, und es wird gesagt, was Sie tun sollen. Danach haben Sie Zeit, sich darauf vorzubereiten, was Sie sagen möchten. Im zweiten Teil der Aufgabe spricht „Ihr Gesprächspartner" oder „Ihre Gesprächspartnerin". Bitte hören Sie gut zu und antworten Sie dann.

Transkriptionen

Zu jeder Aufgabe gibt es zwei Zeitangaben: Es gibt eine „Vorbereitungszeit" und eine „Sprechzeit". Die „Vorbereitungszeit" gibt Ihnen Zeit zum Nachdenken, z.B. eine halbe Minute, eine ganze Minute, oder bis zu drei Minuten. In dieser Zeit können Sie sich in Ihrem Aufgabenheft Notizen machen.

Nach der „Vorbereitungszeit" hören Sie „Ihren Gesprächspartner" oder „Ihre Gesprächspartnerin", danach sollen Sie sprechen. Das ist die „Sprechzeit". Dafür haben Sie je nach Aufgabe zwischen einer halben Minute und zwei Minuten Zeit.

Es ist wichtig, dass Sie die Aufgabe berücksichtigen und auf das Thema eingehen. Wenn Sie dazu aufgefordert werden, sagen Sie, was Sie zum Thema denken. Bewertet wird nicht, welche Meinung Sie dazu haben, sondern wie Sie Ihre Gedanken formulieren.

Die Angabe der Sprechzeit bedeutet nicht, dass Sie so lange sprechen müssen. Sagen Sie, was Sie überlegt haben. Hören Sie ruhig auf, wenn Sie meinen, dass Sie genug gesagt haben. Wenn die vorgesehene Zeit für Ihre Antwort nicht reicht, dann ist das kein Problem. Für die Bewertung Ihrer Antwort ist es nicht wichtig, ob Sie Ihren Satz ganz fertig gesprochen haben. Es ist aber auch nicht notwendig, dass Sie nach dem Signalton sofort aufhören zu sprechen.

Ihre Antworten werden aufgenommen. Sprechen Sie deshalb laut und deutlich.

Vielen Dank.

Bitte lesen Sie den folgenden Hinweis zu den Prüfungsaufgaben „Mündlicher Ausdruck".

Die Prüfungsaufgaben 1–7 sowie die Zeitangaben für die Vorbereitungszeit und die Sprechzeit werden in der Prüfung vom Tonträger vorgelesen. Sie finden Sie auch auf den Arbeitsblättern 1–7. Sie können sie dort also mitlesen, deshalb sind sie hier nicht noch einmal abgedruckt. Die Pausen auf der CD entsprechen der Dauer der Vorbereitungszeit und der Sprechzeit in der Prüfung.

Im Übungsteil gibt es jeweils zwei Beispiele für jede Prüfungsaufgabe.

In Beispiel 1 werden die Prüfungsaufgaben und die Zeitangaben wie in der Prüfung vorgelesen.

In Beispiel 2 konnte aus Platzgründen nur der Sprechimpuls mit der entsprechenden Pause für die Sprechzeit auf CD aufgenommen werden. Lesen Sie deshalb bei den Beispielen 2 zuerst die Prüfungsaufgabe auf dem Arbeitsblatt. Überlegen Sie sich dann, was Sie sagen wollen. Hören Sie danach den Sprechimpuls von der CD und sprechen Sie. Die Sprechzeit ist beendet, wenn Sie den Signalton hören.

In der folgenden Tabelle können Sie die Sprechimpulse der Aufgaben 1–7 für die Beispiele 1 und 2 nachlesen.

Nach der Prüfungsaufgabe 4, Beispiel 1 müssen Sie die CD wechseln.

CD 1 Track	Aufgabe	Beispiel	Sprechimpuls
16	1	1	Institut für Interkulturelle Kommunikation, Kröhner.
17	1	2	Sportinstitut Dagmar Meier. Guten Tag.
18	2	1	Sag mal, was isst man eigentlich bei euch und gibt es beim Essen bestimmte Regeln?
19	2	2	Erzähl doch mal: Wie wohnt man eigentlich bei euch und wann ziehen junge Leute von zu Hause aus?
20	3	1	Erklären Sie uns bitte, was diese Grafiken zeigen.
21	3	2	Erklären Sie uns bitte, was diese Grafik zeigt.
22	4	1	Was ist Ihre Meinung? Was denken Sie über diesen Vorschlag?

CD 2 Track	Aufgabe	Beispiel	Sprechimpuls
1	4	2	Was denken Sie über den Vorschlag, dass Ingenieure oder Manager Vorlesungen halten sollen?
2	5	1	Wofür soll ich mich entscheiden? Soll ich das Angebot annehmen oder lieber erst mein Examen machen?

3	5	2	Soll ich mich für den Ferienjob oder das Praktikum entscheiden? Was meinst du denn?
4	6	1	Welche Gründe sehen Sie für diese Entwicklung der Energieversorgung in Deutschland? Welche Folgen erwarten Sie?
5	6	2	Welche Gründe sehen Sie für diese Entwicklung? Welche Auswirkungen erwarten Sie?
6	7	1	Sag mal, welches Zimmer würdest du nehmen?
7	7	2	Soll ich im Verein ausländischer Studenten oder in dem deutschen Verein mitspielen?

Modelltest. Hörverstehen

Sie hören drei Texte.
Die Texte 1 und 2 hören Sie einmal, den Text 3 hören Sie zweimal.
Schreiben Sie Ihre Lösungen zunächst hinter die Aufgaben.
Am Ende des Prüfungsteils „Hörverstehen" haben Sie 10 Minuten Zeit, um Ihre Lösungen auf das Antwortblatt zu übertragen.

CD 2, 8 **Hörtext 1: Sprachenlernen im Tandem**

Sie sind in der Cafeteria Ihrer Hochschule und hören ein Gespräch zwischen zwei Studentinnen.
Sie hören dieses Gespräch **einmal**.
Lesen Sie jetzt die Aufgaben 1–8.

Hören Sie nun den Text.
Schreiben Sie beim Hören die Antworten auf die Fragen 1–8.
Notieren Sie Stichwörter.

(zwei Studentinnen)

Susanne: Hallo, Tina! Na endlich, wo bleibst du denn? Wir wollten doch heute noch ins Kino!
Tina: Tut mir leid, aber wir haben uns in meinem Tandem-Sprachkurs so gut unterhalten, dass ich nicht auf die Uhr geschaut habe.
Susanne: Tandem-Sprachkurs? Was ist das denn?
Tina: Tandem-Sprachkurs bedeutet, dass zwei Perso-

nen mit unterschiedlichen Muttersprachen zusammenarbeiten, um von- und miteinander zu lernen. Ich möchte nämlich meine Französischkenntnisse verbessern. Du weißt doch, dass ich nächstes Jahr für ein Semester nach Frankreich gehe.
Susanne: Hm, und wie geht das – Lernen im Tandem?
Tina: Ich treffe mich mit Pierre, meinem Tandem-Partner, zwei Stunden pro Woche. Wir arbeiten jeweils eine Stunde in jeder Sprache. Jeder bestimmt in seiner Fremdsprache, was und wie gearbeitet wird. In der Muttersprache steht man dem Partner als Helfer zur Verfügung.
Susanne: Ja, heißt das, ihr erklärt euch auch die Grammatik? Geht das denn?
Tina: Nein, beim Tandem-Lernen geht es vor allem um echte Kommunikation. Außerdem lernt man nicht nur die Sprache, sondern auch viel über die Person, die Lebensumstände und die Kultur des Partners. Ein weiterer wichtiger Vorteil ist das partnerschaftliche Lernen: Jeder profitiert vom anderen.
Susanne: Meinst du, dass das als Vorbereitung für deinen Frankreichaufenthalt ausreicht?
Tina: Nein, ich mache das ergänzend zu einem Sprachkurs am Sprachenzentrum. Manchmal mache ich auch die Kursaufgaben mit Pierre zusammen oder arbeite bestimmte Dinge mit ihm nach.
Susanne: Das hört sich wirklich gut an. Wie findet man denn einen Tandem-Partner?
Tina: Entweder man meldet sich im Internet über ein Online-Formular des Sprachenzentrums an oder man geht direkt dorthin. Am Informationsstand gibt es Anmeldeformulare. Das Sprachenzentrum vermittelt dann den Tandem-Partner. Man wird per E-Mail informiert, sobald ein passender Partner gefunden wurde.
Susanne: Was kostet denn so ein Tandem-Kurs?
Tina: Bei uns am Sprachenzentrum sind die Kurse kostenlos. Schließlich profitieren ja beide Partner davon. Außerdem treffen wir uns auch nicht in den Räumen des Sprachenzentrums. Meistens sind wir bei mir oder bei Pierre. Manchmal gehen wir auch ins Café oder im Sommer auch in den Park. Das ist aber eher selten.
Susanne: Ich glaube, das mache ich nächstes Semester auch. Ich wollte schon lange mein Spanisch mal wieder auffrischen.

Überprüfen Sie jetzt Ihre Lösungen.

Transkriptionen

CD 2, 9 🎧 **Hörtext 2: Studium und Spitzensport**

> Sie hören ein Interview mit drei Gesprächspartnern über einen Studiengang, bei dem man Studium und sportliche Höchstleistungen vereinbaren kann.
> Sie hören dieses Gespräch **einmal**.
> Lesen Sie jetzt die Aufgaben 9 – 18.
>
> Hören Sie nun den Text.
> Entscheiden Sie beim Hören, welche Aussagen richtig oder falsch sind.
> Markieren Sie die passende Antwort.

(Interviewerin; Frank Fischer, Professor; Christian Köhrmann, Student)

Interviewerin: Hochleistungssportler haben nur selten Zeit, eine intensive Ausbildung zu machen. Ein mehrjähriges Studium ist dabei besonders schwierig. In unserem heutigen Gespräch wird es darum gehen, wie man beides dennoch verbinden kann. Meine Gäste sind Frank Fischer, der den Studiengang „Betriebswirtschaft für Spitzensportler" an der Universität Oldenburg koordiniert, und Christian Köhrmann, Student und Spieler beim Wilhelmshavener Handballverein.
Herr Köhrmann, Sie studieren jetzt in Oldenburg „Betriebswirtschaft für Spitzensportler". Warum haben Sie sich dafür entschieden?

Christian Köhrmann: Ich habe vorher ganz normal an der Uni Wirtschaft studiert. Nur – aus zeitlichen Gründen hat das einfach nicht mehr gepasst und ich musste abbrechen. Wir haben zwei Mal am Tag Training. Und der Nachmittag hätte zum Studieren nicht gereicht. Unser erstes Training ist um zehn Uhr morgens. Entweder ganz normal in der Halle oder im Fitness-Studio: Krafttraining, Laufen gehen. Und dann um 18 Uhr das zweite Training. Und am Wochenende ist halt meistens Spiel. Ab und zu gibt's auch englische Wochen, das heißt, dann ist Mittwoch und Samstag Spiel. Und Sonntag ist Regeneration, da wird mit der Mannschaft ausgelaufen. Insgesamt brauche ich 40 Stunden pro Woche für den Verein.

Interviewerin: Herr Fischer, das, was wir gerade gehört haben, ist ja kein Einzelfall. Wie kamen Sie in Oldenburg auf die Idee, ein besonderes Studienangebot für diese Gruppe zu machen?

Frank Fischer: Die Idee ist dadurch entstanden, dass man irgendwann festgestellt hat, dass die Sportler einfach keine Chancen haben, neben ihrem wirklich starken Sportgeschäft – Training, Wettkampf, Organisation und so weiter – an Präsenzstudiengängen teilzunehmen. Und deswegen hat man gesagt, da müssen wir was Neues machen. Unser Studiengang ist deshalb für hauptberufliche Sportler gedacht und findet komplett online statt. Bei uns gibt es also keine An-

wesenheitspflicht auf dem Campus, sondern Online-Lern-Einheiten. Über eine elektronische Lernplattform übers Internet finden virtuelle Gruppenarbeit und Leistungstests statt. Auf diese Weise kann man studieren – egal, ob gerade ein Trainingslager im Hochgebirge oder eine Meisterschaft im Ausland bevorsteht.
Die Sportler müssen insgesamt 20 Module studieren. Davon sind zehn Module Pflicht: Die decken so diesen grundlegenden BWL-Bereich ab. Und alles, was darüber hinausgeht, sind zehn weitere Wahlpflichtmodule. Da kann man sich dann in eine spezielle Richtung profilieren. Man kann z. B. mehr die Richtung Sportmanagement belegen. Oder man kann die Richtung Unternehmensmanagement belegen. Nach vier oder fünf Jahren kann man dann den Bachelor-Abschluss in Betriebswirtschaft machen.

Interviewerin: Das Studium ist aber nicht umsonst. Herr Fischer, wie viel muss man bezahlen?

Frank Fischer: Jedes Modul kostet 750 Euro an Studiengebühren. Da kommt man auf eine Summe von ungefähr 17 000 Euro bis zum Bachelor-Abschluss. Allerdings muss man auch sehen, dass man viel für das Geld bekommt. Bei uns betreut zum Beispiel ein Mentor nur zwölf Studierende.

Interviewerin: Herr Köhrmann, wie sehen denn Ihre Pläne für die Zeit nach dem Studium aus?

Christian Köhrmann: Ich hoffe, dass ich nach dem Studium im Management eines Sportvereins tätig sein kann. Am liebsten würde ich natürlich weiter mit Handball zu tun haben. Es gibt auch bei jeder Handballmannschaft einen Marketingbereich. Das wird immer professioneller und da sind auch ein paar Leute beschäftigt. Ich möchte in den Bereich Marketing oder auch Spielervermittlung, Spielerberatung. Und ich denke, in diesen Bereich werde ich später auch reinrutschen.

Interviewerin: Herr Fischer, heißt das, dass man nach dem Studium in Oldenburg nur im Sportbereich arbeiten kann?

Frank Fischer: Nein. Natürlich sind die Chancen im Sportbereich größer. Aber man kann auch in Wirtschaftsunternehmen, die nichts mit Sport zu tun haben, tätig sein. Man kann natürlich auch in Werbeagenturen oder Sportagenturen Tätigkeiten übernehmen. Insbesondere, wenn man noch die einzelnen Module aus dem Bereich Sportmanagement belegt hat. Da sind zum Beispiel – diese Rückmeldung haben wir aus der Industrie – die Sportartikelhersteller besonders interessiert.

Interviewerin: Ich danke Ihnen für dieses Gespräch.

> Überprüfen Sie jetzt Ihre Lösungen.

Hörtext 3: Ernährungswissenschaft: Neue Aufgaben durch „funktionelle Lebensmittel"

> Sie hören einen kurzen Vortrag von Frau Professor Müller-Seebald über das Fach Ernährungswissenschaft und seine Inhalte, insbesondere die neuen so genannten „funktionellen Lebensmittel".
> Sie hören diesen Vortrag **zweimal**.
> Lesen Sie jetzt die Aufgaben 19 – 25.
>
> Hören Sie nun den Text ein erstes Mal.
> Beantworten Sie beim Hören die Fragen 19 – 25 in Stichworten.

(Frau Professor Müller-Seebald)

Sehr geehrte Damen und Herren,
als ich im vergangenen Semester ein Seminar mit dem Titel „Ernährungsmedizinische Aspekte von Getränken" durchführte, waren alle Teilnehmer ausschließlich Frauen. Und das ist kein Ausnahmefall. In unserer Gesellschaft sind Kochen, Essen und gesunde Lebensweise stark weiblich geprägt. Daher ruft ein Studium mit dem Namen „Ernährungswissenschaft" eher bei Frauen als bei Männern Interesse hervor.

Doch die Ernährungswissenschaft ist eine klassische Naturwissenschaft mit einem starken Schwerpunkt bei Biologie und Chemie. Am deutlichsten sieht man dies an der Erforschung „funktioneller Lebensmittel", englisch „functional food" genannt.

„Funktionelle Lebensmittel" sind verarbeitete Lebensmittel, die nicht nur der Sättigung und Nährstoffzufuhr dienen. Sie versprechen dem Verbraucher gleichzeitig einen Zusatznutzen. Sie sollen das körperliche und seelische Wohlbefinden steigern und ernährungsbedingten Krankheiten vorbeugen, indem mit der Nahrung gesundheitsfördernde Stoffe aufgenommen werden sollen. Functional food bewegt sich somit in einer Übergangszone zwischen Lebensmitteln und Heilmitteln. In einer Zeit, in der viele Menschen sich mit fast food krank essen und in der gesundes Essen in den Mittelpunkt rückt, setzen viele ihre Hoffnungen auf Produkte der „funktionellen Lebensmittel", die in den Supermärkten großen Absatz finden. Experten schätzen, dass funktionelle Lebensmittel bis zum Jahr 2010 ungefähr 25 Prozent des weltweiten Lebensmittelmarktes umfassen werden; bis 2050 sollen es sogar 50 Prozent sein. Eine wichtige Zielgruppe sind ältere Menschen, da gerade bei ihnen ernährungsbedingte Erkrankungen auftreten und diese Personengruppe in Zukunft zahlenmäßig überproportional zunehmen wird.

Die funktionellen Lebensmittel enthalten Inhaltsstoffe, die vor allem auf Körperfunktionen wirken wie zum Beispiel das Wachstum, den Stoffwechsel, das Herz-Kreislauf-System sowie auf die geistige und körperliche Leistungsfähigkeit der Menschen. Aktuell werden funktionelle Lebensmittel vor allem für Herz-Kreislauf-Erkrankungen und die Magen-Darm-Gesundheit entwickelt. Mit der Entwicklung von functional food zeigt sich daher auch eine wichtige Änderung in der Ernährungsforschung. Die Wirkungen von Lebensmitteln werden gezielt auf physiologische Funktionen hin erforscht, und dieses Wissen wird dazu genutzt, die Qualität von Lebensmitteln systematisch zu optimieren. Auf diese Weise rückt die Ernährungsforschung enger an die medizinische und pharmazeutische Forschung heran. Neue wissenschaftliche und technische Ansätze in diesem Bereich werden gegenwärtig vor allem in der Industrie entwickelt und angewendet.

Natürlich gibt es auch bei funktionellen Lebensmitteln umstrittene Erscheinungen. Ein besonderer Trend sind Nahrungsmittel, die gleichzeitig einen kosmetischen Effekt haben. Erste Produkte gibt es in verschiedenen Ländern bereits zu kaufen, so z. B. einen Kaugummi, welcher der Haut einen Duft von Rosen oder Vanille verleiht. Überhaupt steht die Haut im Mittelpunkt des Interesses und viele Hersteller arbeiten an Jogurts oder Getränken, die die Haut jünger aussehen lassen. Und hier beginnen die Schwierigkeiten der neuen Wissenschaft. Die Substanzen der funktionellen Lebensmittel müssen ihren Weg durch den Körper nehmen und deshalb ähnlich zusammengesetzt sein wie Arzneimittel. Der Weg bis zur Haut ist besonders weit. Die Substanzen werden in unserem Körper verarbeitet und durch den Stoffwechsel stark verdünnt. Kosmetische Nahrungsmittel benötigen deshalb einen langen Anwendungszeitraum von etwa drei Monaten, um den gewünschten Effekt zu erzielen. Der Konsument darf also keine schnellen Wunderwirkungen erwarten. Zudem muss noch besser erforscht werden, auf welche Weise und in welcher Menge der Körper die Substanzen am besten aufnehmen kann. So weiß man bereits, dass der Körper Stoffe, die im Gemüse enthalten sind, in gekochter Form oder mit einem fetthaltigen Stoff wie Sahne oder Öl viel besser aufnehmen kann als in rohem Zustand.

Es kommt also noch viel Arbeit auf die Ernährungswissenschaftler zu. Wer sich für die Studieninhalte der Ernährungswissenschaft begeistern kann, macht mit diesem Fach keinen Fehler. Ernährungswissenschaftler müssen auch nicht lange nach einem Arbeitsplatz suchen, im Durchschnitt nur zwei bis vier Monate. Und nach dem Bachelor-Abschluss kann man nicht nur den Master anschließen, sondern promovieren oder sogar Medizin studieren. Viele Ernährungswissenschaftler gehen in die Forschung, und zumindest dort ist dieses Fach keine reine Frauenveranstaltung: An einer deut-

Transkriptionen

schen Hochschule sind fünf von sechs Professoren in diesem Fach Männer.
Aber diesen Zustand sollten wir doch allmählich ändern.

Vielen Dank für Ihre Aufmerksamkeit.

Ergänzen Sie jetzt Ihre Stichwörter.

Hören Sie jetzt den Text ein zweites Mal.

Überprüfen Sie Ihre Lösungen.

Übertragen Sie zum Schluss Ihre Lösungen auf das Antwortblatt.

Modelltest. Mündlicher Ausdruck

Bitte lesen Sie den folgenden Hinweis zu den Prüfungsaufgaben „Mündlicher Ausdruck" im Modelltest.

Die Prüfungsaufgaben 1–7 sowie die Zeitangaben für die Vorbereitungszeit und die Sprechzeit werden wie in der Prüfung vom Tonträger vorgelesen. Sie finden Sie auch auf den Arbeitsblättern 1–7. Sie können sie dort mitlesen, deshalb sind sie an dieser Stelle nicht noch einmal abgedruckt. Die Pausen auf der CD entsprechen der Dauer der Vorbereitungszeit und der Sprechzeit in der Prüfung. Zwischen den Aufgaben gibt es keine Unterbrechung. Führen Sie die Aufgaben wie in der Prüfung an einem Stück durch.

CD 2, 11 🎧 Die folgende Tabelle enthält die Sprechimpulse der Aufgaben 1–7.

Aufgabe	Sprechimpuls
1	Sprachenzentrum, Forstmann.
2	Sag mal, wie feiert man eine Hochzeit bei euch und in welchem Alter heiraten die jungen Leute?
3	Erklären Sie uns doch bitte, was diese Grafik zeigt.
4	Was denken Sie über den Vorschlag, an den Hochschulen eine Aufnahmeprüfung einzuführen?
5	Was meinst du? Soll ich das Angebot, im Ausland Deutsch zu unterrichten, annehmen oder lieber meinen Master machen?
6	Welche Gründe sehen Sie für die Entwicklung der Familienformen in Deutschland in den letzten Jahrzehnten und wie schätzen Sie die zukünftige Entwicklung und deren Folgen ein?
7	Was meinst du, welche Arbeitszeit soll ich nehmen? Während der Woche oder am Wochenende?

Inhalt der Audio-CDs

CD 1 – Übungsteil

Track	Name	Länge
1	Hörtext 1: Der Arbeitsurlaub	02:44
2	Hörtext 2: Die Akupunktur	02:06
3	Hörtext 3: In der Cafeterie – Das Praktikum	04:47
4	Hörtext 4: Auszug 1	01:04
5	Hörtext 4: Auszug 2	00:40
6	Hörtext 4: Auszug 3	01:04
7	Hörtext 4: Computerspiele an der Hochschule	07:46
8	Hörtext 5: Trinkwasserprobleme	01:46
9	Hörtext 6: Bildungsmonitor veröffentlicht	08:13
10	Hörtext 7: Auszug 1	01:13
11	Hörtext 7: Auszug 2	01:50
12	Hörtext 7: Warum wir uns irren	08:32
13	Hörtext 8: Die Sprache der Paviane	03:19
14	Hörtext 9: Deutsche Forscher schauen in den Mond	08:05
15	Mündlicher Ausdruck: Allgemeine Informationen	04:36
16	Mündlicher Ausdruck: Prüfungsaufgabe 1, Beispiel 1	02:16
17	Mündlicher Ausdruck: Prüfungsaufgabe 1, Beispiel 2	00:50
18	Mündlicher Ausdruck: Prüfungsaufgabe 2, Beispiel 1	03:22
19	Mündlicher Ausdruck: Prüfungsaufgabe 2, Beispiel 2	01:24
20	Mündlicher Ausdruck: Prüfungsaufgabe 3, Beispiel 1	03:52
21	Mündlicher Ausdruck: Prüfungsaufgabe 3, Beispiel 2	01:51
22	Mündlicher Ausdruck: Prüfungsaufgabe 4, Beispiel 1	06:37
CD 1 Gesamt		**78:09**

Transkriptionen

CD 2 – Übungsteil

Track	Name	Länge
1	Mündlicher Ausdruck: Prüfungsaufgabe 4, Beispiel 2	02:27
2	Mündlicher Ausdruck: Prüfungsaufgabe 5, Beispiel 1	04:55
3	Mündlicher Ausdruck: Prüfungsaufgabe 5, Beispiel 2	01:52
4	Mündlicher Ausdruck: Prüfungsaufgabe 6, Beispiel 1	06:37
5	Mündlicher Ausdruck: Prüfungsaufgabe 6, Beispiel 2	02:22
6	Mündlicher Ausdruck: Prüfungsaufgabe 7, Beispiel 1	04:15
7	Mündlicher Ausdruck: Prüfungsaufgabe 7, Beispiel 2	01:51

CD 2 – Modelltest

Track	Name	Länge
8	Hörtext 1: Sprachenlernen im Tandem	05:19
9	Hörtext 2: Studium und Spitzensport	07:31
10	Hörtext 3: Ernährungswissenschaft: Neue Aufgaben durch „funktionelle Lebensmittel"	09:38
11	Mündlicher Ausdruck: Aufgaben 1 – 7	30:58
CD 2 Gesamt		**77:54**

CD-Impressum

Redaktion: Eva-Maria Jenkins-Krumm, Wien
Produktionsleitung: Hede Beck, Stuttgart
Aufnahmeleitung: Ernst Klett Sprachen GmbH, Stuttgart
Produktion: Bauer Studios GmbH, Ludwigsburg
Sprecher / Sprecherinnen: Sascha Becker, Marit Beyer, Rebekka Georgens, Barbara Kysela, Mario Pitz, Denise Siebeneichler, Michael Sperr, Jenny Ulbricht
Tontechnik: Michael Vermathen, Bauer Studios GmbH, Ludwigsburg
Presswerk: Osswald GmbH & Co., Leinfelden-Echterdingen

Textquellennachweis

S. 18: Denken Männer und Frauen anders? © Jörg Zittlau, Badische Neueste Nachrichten, 7.6.2008
S. 25: Die universelle Sprache von Sieg und Niederlage © Susanne Amrhein, www.wissenschaft.de
S. 26: Megacitys: Wo Milliardengeschäfte und Überlebenskampf Nachbarn sind, Originalbeitrag von Cornelia Varwig, bild der wissenschaft 7/2008
S. 30: Chronobiologie: Wenig Schlaf kann dick machen © Susanne Donner, Berlin
S. 39: Elektronische Prüfungen © Christoph Gering, Deutschlandradio, 30.7.2008
S. 40: Medizin aus dem Frosch © Martin Kotynek, Süddeutsche Zeitung, 25.4.2008
S. 136: Die Glücksformel © Deutsche Krankenversicherung AG, Köln
S. 138: Forscher warnen vor Panik-Prognosen © Christoph Seidler, SPIEGEL ONLINE 2009

Quellennachweis der Hörtexte

Computerspiele an der Hochschule © Nina Trentmann, Köln
Bildungsmonitor veröffentlicht © Dr. Jörg Biesler, Köln
Warum wir uns irren, frei nach SWR 2, 6.1.2008
Deutsche Forscher schauen in den Mond © fr-online.de
Studium und Spitzensport © Folkert Lenz, Bremen